Ulf Lönnberg

Mellan hjärnhalvorna

53 brevutkast till mina
unga vuxna barnbarn

Förlag: BoD – Books on Demand, Stockholm, Sverige
Tryck: BoD – Books on Demand, Norderstedt, Tyskland

ISBN: 978-91-7785-528-6

Friedrich Nietzsche:

"Mannens mognad:
det betyder att han återfunnit det allvar
han hade som barn när han lekte."

Innehåll

Till mina unga vuxna barnbarn

Hej! Jag uppskattar era frågor och påståenden:

-Varför gjorde du så? -Vad tror du på? -Varför tycker det?
-Det tycker inte vi! -Vi gör på ett annat sätt! -Jo, Så är det!

För mig har känslor, impulser och dagdrömmar ofta varit utslagsgivande. Det har skänkt mig mycket – kanske det mesta – av behållningen i mitt liv. Tester kan visa vilken hjärnhalva som dominerar individens agerande. I mitt fall tycks det vara den högra. [1]

Jag berättar något om vad livet lärt mig, om personliga framgångar och tillkortakommanden och något om mitt sökande som ung: bort från barndomshem utan gud, via konfirmation, ett religiöst färgat ungdomsäktenskap och åter till egen trygghet utan gud.

Vi har också diskuterat religionsfriheten och behovet av en klargörande religionspolitisk debatt, nu när extrema religiösa ledare utmanar oss och vårt samhälle (kap 50-53).

Ni unga har andra kunskaper och insikter än vad jag hade som ung. Samtidigt är äldres livserfarenheter värda att föra vidare – i lagoma doser. Jag har samlat några av våra samtal över generationsgränserna som brevutkast. Det blev 53 stycken till er och alla andra som vill läsa. Jag hoppas något är till gagn och varnagel

Kapitlen behöver inte läsas i följd, enstaka uppgifter finns på två eller flera ställen.

Stockholm i januari 2019
Ulf Lönnberg

1 Här och nu

I

När livet börjar och slutar är inte självklart. Inom medicinen, fysiken, juridiken, filosofin och religionerna definieras och beskrivs de tidpunkterna olika.

Jag hyllar livets utmaningar, möjligheter och vedermödor. Jag accepterar livets sorger, faror och hot som nödvändiga erfarenheter. Jag vill förstå livets faktiska förutsättningar. Jag bejakar vår fantasi, vårt känsloliv och vår nyfikenhet på det som är oss okänt och oförklarligt. Jag respekterar vår medfödda överlevnadsinstinkt. Jag värnar våra intellektuella utförsgåvor med vilka vi – på gott och ont – påverkar framtiden för oss själva och kommande generationer.

Under tonårstidens existentiella sökande försökte jag förstå födelse- och dödsögonblickens fysiska och eventuellt andliga innebörd.

Idag är min orubbliga premiss:
Det finns inget liv före dess början och inget efter dess slut.
Det är min övertygelse och med den orienterar jag mig praktiskt och existentiellt.

II

Som ung vuxen hade jag ingen medveten strategi för mitt liv. Men från första samlaget, som min första förälskelse och jag planerade så noga, var det självklart att inte bli med barn. Ungdomstidens naturliga parningsdrift och skolkunskaperna om preventivmedel var fröet till mitt livslånga beslut att förbli frivilligt barnlös.

Jag övervägde aldrig att sterilisera mig. Vid fyllda 58 blev jag infertil efter min andra canceroperation. Reproduktivfilosofiskt blev det för mig en bekväm, fysisk korrigering – helt i enlighet med mitt livsval som ung.

III

Första gången jag höll ett några månader gammalt barn i famnen var jag 41 år. Innan dess hade jag inte vågat hålla i ett spädbarn trots unga föräldrars och deras morföräldrars kärleksfulla uppmaningar.

Vid 72 år fyllda höll jag för första gången ett spädbarn, en dag gammalt, i famnen.

IV

Utöver min frivilliga barnlöshet kan jag bara peka ut enstaka stora egna beslut som varit mina egna och avgörande för resten av livet. Vägvalen längs vägen tycks mest varit sprungna ur andras förväntningar på mig att följa samhällets traditionella mönster. I min generation var vi många som lät oss styras av de gamlas fördomar och obsoleta normer.

I vuxen ålder har de flesta av oss blivit mer öppna för det toleranta samhället. Privat och politiskt arbetar jag för att mönstra ut missriktade och otidsenliga normer och fördomar.

Med min ungdoms rädsla för att trotsa konvenansen, har jag lämnat många utmaningar och möjligheter oprövade. Att ta kommandot över livet, var för mig alltför länge en icke-fråga.

V

Som tonåring, på tröskeln till vuxenlivet, var jag som många andra en sökare. Allt eftersom jag fördjupade mig i trosfrågor, i ideologier och i partipolitik, insåg jag hur starkt formad jag var, dels av mina föräldrars arv och miljö, dels av den tidens trender.

Redan tidigt kände jag mig obekväm i påtvingade familje- och bekantskapskonstellationer, särskilt i åldersbestämda lek- och skolklasskollektiv. Att tvingas sitta vid "barnbordet" på middagar minns jag med avsky. Där gjorde den modigaste bus och grimaser bakom de vuxnas ryggar.

Med åren har jag insett att jag redan före skolåldern – på gott och ont – var en ensamvarg. Som ung vuxen höll jag distans till omgivningen. Utan att då kunna formulera det, värnade jag en egen komfortabel personlig, psykisk och fysisk frizon. Det gör jag än idag.

VI

Min bristande förmåga – eller ovilja – att inordna mig i gemenskaper har kostat på. Men det har också skänkt mig lärorika upplevelser och nyttig personkännedom som jag inte vill vara utan. Så var det under min skol-, studie- och värnpliktstid och vidare in i förvärvslivet och det gäller än idag – i mitt privatliv och i mitt fritidspolitiska engagemang.

2 Hjärngympa på tidslinjen

I

Rita upp tiden som linjär. Markera på den varje decennium och
pricka in när du föddes. Som ung vuxen har du rört dig en bit
framåt på din tidsaxel. Som fullvuxen eller gammal, kan du
titta bakåt och minnas hur du som barn och tonåring såg på dig
själv i kretsen av andra och hur du uppfattade de vuxna om-
kring dig.

Som 25-30 åring ser du ditt eget eller annans barn framför dig
på din tidslinje. De yngsta nära inpå, alldeles framför dig. Ton-
åringar och unga vuxna har hunnit en bit framåt på tidslinjen.

Du vet att tidslinjen är oändlig bakåt och framåt. Med din
mognad uppfattar du dina personliga tidshorisonter. Bakåt och
framåt. Äldres och gamlas tidshorisonter är vidare och skarpare
än de ungas. För barnen är sommarloven oändligt långa. I vux-
nas verklighet är mycket kortare.

II
Vänd dig om.
Se bakåt längs din tidsaxel.
Som 25-30-åring ser du egen eller annans förälder. Ganska nä-
ra, tycks det. Ändå är personen redan medelålders. Längre ba-
kåt finns din egen eller annans far- eller morförälder.

III
Vänd dig framåt igen.
Be barnet framför dig, att titta bakåt.
Barnet ser en vuxen. Dig.
Barnet förstår inte hur gammal du är. Vet inte ens när du föd-
des.

-En gång innan du fanns, försöker du förklara.
-Vad fanns då? frågar barnet.

IV

Då ber du barnet att titta ännu längre bakåt. Där står barnets eller annans far- eller morförälder. Din eller annans förälder. Barnet kan inte bedöma tidsavståndet. Barnet ser bara att personen bakom dig är jättegammal.

-Hej, säger den gamla. Len i rösten för att inte skrämmas.

Barnet söker ögonkontakt med dig. Sedan tittar barnet blygt på den gamla bakom dig. Men barnet säger ingenting.

V

Du ber barnet titta ännu längre bakåt.
Långt där borta finns din egen eller annans far- eller morförälder. Barnet spanar undrande.

Du lägger mjukt din hand på barnets axel. Böjer dig ned. Pekar med din blick i barnets ögonhöjd. Då anar barnet ännu en jättegammal person. Egen eller annans mormor, farmor, morfar, farfar, gammelfarmor, gammelmorfar eller gammelfarfar. För barnet är det än så länge bara en jättegammal människa. Ganska långt borta, dessutom.

VI

Barnets storasyster, som också tittat bakåt och lyssnat på dig, vänder sig sakta om. Tittar framåt.

Hon funderar under tystnad, anar egna barn där framme. Då säger barnets storasyster till dig:

-Min mormor är din mamma.

VII

Barnet växer, dess tidshorisont vidgas. I tonåren kan barnet urskilja de relativa tidsavstånden mellan dig och de som är äldre än du. Nu är några av de äldsta släktingarna borta. Men mormor och morfar finns kvar. De är ganska gamla.

VIII

Unga vuxnas tidsperspektiv påverkar hur de uppfostrar sina barn. Det påverkar i sin tur deras barns framtida livsval som i kommande led kommer att styra framtida generationers livsval.

Alla är betjänta av att vi fårstår de långa tidsperspektiven, framåt och bakåt, här och nu. Ju längre perspektiv vi kan överblicka – i båda rikntinarna – desto mer innehållsrik och mer samhällsnyttig blir flergenarationsgemenskapen över tid för barn, unga, vuxna, äldre och gamla.

IX

Tripp, trapp, trull lärde vi gamla våra barn. Det var lätt. Tre saker i rad. I en bestämd ordning. Stor, mellanstor, liten.

Barnet upptäckte ju först sin mamma sedan sig själv och därefter sin mormor. Tre saker i rad. I en bestämd ordning.

Tripp, trapp, trull i tiden.

Vi som idag passerat 70 år vet att våra barns och barnbarns medellivslängd är nästan 10 år längre än vad våra föräldras medellivslängd var.

X

Ökad livslängd. Längre ramsa. En bestämd ordning. För tingen i rummet. För livet i tiden.

I femgenerationssamhället är vi alla här: far- och morförälder, förälder, du själv, barn och barnbarn. Du som är 25 - 30 år i-dag, får nu lära dina barn en längre ramsa:

Tripp, trapp, tropp, trull, trullsilull.

3 Gäckande livserfarenhet

I

Äldre som känner sig undanskuffade av yngre, levnadsglada och kompetenta människor har sällan fog för sitt missnöje. De som klagar, är ofta dem som hellre tittar bakåt än framåt. För många av dem som klagar är nutiden obegriplig. Många äldre tycker att de unga inte förstår att värdera deras livserfarenheter.

Självklart har vi äldre viktiga insikter att dela med oss av, till varandra och till de unga. Men allt kunnande och all erfarenhet har inte samma värde över tid. Vi äldre ska föra vidare de kunskaper och erfarenheter som är bärande för kommande generationer.

II

Vi äldre måste skilja vårt kunnande och vår livserfarenhet med lång giltighet från våra tekniska kunskaper, färdigheter och omvärldsanalyser som var vår tids färskvara och som nu är obsoleta.

Inom tekniken, kommunikationen, politiken och trenderna ökar tempoökningen. Nu är den större än någonsin tidigare. Det var den för oss äldre och det blir den för er som är yngre.

Tempoökningen i sig underminerar inte sunda generationsövergripande gemenskaper. Men den kräver av oss äldre, att vi vill och kan förmedla mer av nyttiga livserfarenheter och mindre av missriktad nostalgi som om allt var bättre förr.

III

Äldre som med respekt kan byta livserfarenheter med de unga, har mycket att lära och mycket att lära ut. Det finns alltid något att upptäcka i ungas nyfikenhet och medvetenhet. Oftast mer än vad många äldre tycks tro.

Med tydliga definitioner och med åtskillnad mellan "livserfarenhet" och "livserfarenheter" blir det lättare att förstå vilka erfarenheter som är skyddsvärda för våra barn, barnbarn och barnbarnsbarn. Av de senare kommer varannan att uppleva sin 100-årsdag. Det är ett faktum som också ställer livserfarenheterna – i alla betydelser – i nytt ljus. Med följande definitioner blir de två begreppens innebörd tydligare: [2)]

Livserfarenhet (eng: life-experience, experience of life):
Allmänt vad man upplevt som människa under ens hittillsvarande liv. Att ha livserfarenhet innebär att man får en bättre förståelse för sådant som man möter i vardagen och i sådant yrkesarbete där kontakter med människor spelar stor roll.

Livserfarenheter (eng: life experiences):
Vad människor upplevt under sitt liv och som präglat deras uppfattningar, attityder, värderingar och förväntningar eller på annat sätt påverkat dem i såväl positiv som negativ riktning.

IV
Vi må på eget ansvar stävja ungdomens övermod om och när det verkligen är till deras förfång. Men vi ska inte hämma deras framfart när den öppnar nya dörrar för dem själva, oss äldre och kommande generationer.

18

4 Stora egna beslut

I

På väg ut i världen från barndomshemmet, fattar barnet sina första beslut. De besluten är inte självständiga. Oftast handlar det om att välja mellan två alternativ som svar på en vuxens ledande fråga.

Att neka till sitt första busstreck är inte heller något riktigt, eget beslut. Det är mer ett uttryck för ett ryggmärgsstyrt självförsvar.

I barnaåren får vi våra första kamrater i grannskapet. Deras föräldrar är våra första vuxenkontakter utanför familj och släkt. Genom de kontatkerna tar vi med oss våra första egna intryck till föräldrahemmet. Då börjar vi också ta egna, om än små och kortsiktiga, beslut.

II

Långt tillbaka var allas våra livsval, ungdomars och vuxnas, bundna av den tidens folktro. Senare styrde religion, klasstillhörighet och maktfullkomlig lagstiftning människornas plats i tillvaron.

Idag är samhället mer tillåtande. De flesta väljer de studier, det förvärvsliv och den livsstil de önskar. Många ser livet som ett spännande livsprojekt för att uppnå sina existentiella och materiella ideal.

Trots utvecklingen mot större frihet för individen är det för många människor ändå svårt att peka ut de stora, egna beslut som verkligen varit personligt livsavgörande för framtiden.

III

Under otaliga tjänsteresor har jag samtalat med dem som varit mitt resesällskap. Jag har frågat dem om vilka stora, egna

beslut som de har fattat medetet och självständigt inför vägvalen i livet. Många har, liksom jag, svårt att peka ut sådana riktigt stora, egna beslut.

Sådana samtal följde vanligtvis samma mönster: Eftertänksamt lyfte de, män och kvinnor, fram beslut om studieinriktning, giftermål, den första anställningen eller det första risktagandet för att kunna starta eget företag. Några mindes sina beslut inför byte av bransch eller att växla mellan anställning och företagande. Andra berättade om roliga och oönskade bostadsbyten eller om livsval som resultat av anhörigas önskningar, barns och barnbarns behov eller av egna och andras sjukdomar.

För några var enstaka privata beslut konsekvenserna av en aha-upplevelse. På en kvinna hade en konstnär gjort så starkt intryck att hon bytte både profession och livsstil. Några berättade om existentiella grubblerier och om religiösa upplevelser som fått livsavgörande konsekvenser.

Våra få stora beslut i livet, även de som är av strikt privat natur, är i realiteten mest resultat av andras välmenande, traditionsbundna eller fördomsfulla påtryckningar.

IV

Dagens unga vuxna har en sundare och friare inställning till förvärvslivets villkor än vad jag hade som ung. Alternativet att starta eget övervägde jag aldrig trots att branschförbundsledare erbjöd mig att driva deras verksamhet som konsult. Deras tanke var att jag lätt skulle få andra förbund att hänga på en sådan ordning, främst bland de små och medelstora förbunden, som ville undvika höga avgifter till de stora näringslivsorganisationerna. Andra erbjudanden om anställning eller konsultuppdrag, som jag avstått från, hade självklart gett mig andra kontaktnät än de som är mina idag.

De unga idag, förstår tidigt att nyttja olika möjligheter som anställda eller företagare. Det gör dem mer benägna att fatta egna rationella beslut och ta dess konsekvenser. Det skapar för dem en utvecklad och god närvaro i livet. Idag ser sig unga uxna sig som fria agenter eller konstnärliga utövare in spe. Att byta bana och karriär är för dem inget dramatiskt. Det är bra.

Som ung skulle jag veta min plats "för att inte uppfattas som en hoppjerka", som det då hette. Spåren av mor- och farföräldra-generationens arbetarbakgrund satt djupt.

V

På bara ett par generationer har utvecklingen ställt mycket till rätta. De unga tar sina samboförhållanden seriöst och med öppet sinne: om de inte gifter sig upprättar de väl genomarbetade samboavtal för att eventuellt kunna skapa nya, trygga familje-bildningar senare i livet. Deras öppna sinnelag främjar både individens och samhällets positiva utveckling. De vårdar sina och sina närmastes möjligheter att kunna ta egna stora beslut. Samtidigt bygger de upp ett starkt och ömsesidigt ansvarstagande gentemot varandra i sina familjer eller familjeliknande gemenskaper.

VI

Som mitt första, egna, stora, personliga beslut listar jag min föresats i tonåren att förbli frivilligt barnlös.

Belutet inför mitt första äktenskap styrdes av den tidens konvenans och omgivningens förväntningar

Att ingå mitt andra äktenskap var ett av mina få egna, stora, självständiga beslut. Det grundades på min mognad, mina nya insikter och mitt mod.

Det finns inget skarpt och eget beslutstillfälle bakom min flytt från och tillbaka till Stockholm inom fyra år. Det ena hade lett till det andra: upplösning av första äktenskapet, önskan att tillfälligtvis komma bort från skam- och skuldkänslor och slutligen stor längtan efter barndomsstadens puls.

Beslutet att skriva brev (53 st) till barnbarnsgenerationen fattade jag efter många samtal över generationsgränserna. De diskussionerna har jag haft stort utbyte av.

VII

Slumpvisa möten kan väcka intressen och skapa referenser som leder till spännande erfarenheter. Ett sådant exempel är min gymnasielärare. Han hade doktorerat på August Strindberg och han triggade mitt livslånga intresse för nationalskalden.

Styvfaderns amatörmåleri och min mammas bokslukande väckte sannolikt min livslånga nyfikenhetpå livet i vid mening. Men det var först i vuxen ålder som min egen nyfikenhet var stark nog för att jag skulle prioritera min tid och mina resurser som jag själv ville – och mindre efter för omgivningens, nyttobaserade snusförnuft.

Min mormors glädje att med små medel prova på nya saker och unna sig det hon inte alltid hade råd med, har entuiasmerat mig att nu, i 70-årsåldern, föra vidare de livserfarenheter som min nyfikenhet skänkt mig, i första hand till mina närmaste i barnbarnsgenerationen.

VIII

Mina och andras stora personliga – och privata – beslut hade självklart inte blivit de samma under andra omständigheter än de som gällde där och då. Få, om ens något, livsavgörande beslut är individens helt självständiga vägval.

Ändå har vi alla, att ta konsekvenserna av de beslut som vi har fattat, inte fattat eller tror oss ha fattat, i en slags övertygelse om att det är vi själva som styr våra liv.

5   Egot i rapljuset

Att skriva om sitt liv är att sätta egot i rampljuset. Memoarer ägnas åt författarens professionella gärningar, där ställs förväntningar på historisk sanning. I självbiografin vinklar författaren sitt liv subjektivt. Jag har valt formatet självbiografi. Jag försöker ge några råd och jag behandlar några politiska frågor utifrån mina ideologiska preferenser i hopp om att inspirera till fortsatta samtal över generationsgränserna.

II
Genom åren presenterar vi oss för andra. Över tid kompletterar och putsar vi på bilden av oss själva. Här är två minneslappar med stolpar som blivit kvar inför två presentationstillfällen på ca 15 minuter vardera. Den första använde jag i en Rotaryklubb på 80-talet, den andra inför en arbetsgrupp när jag hade fyllt 71 år.

- Citera §16 i 1809-års regeringsform
- Ägarfrämjandet
- 1846/1864 Skråväsendet/näringsfriheten
- Folkomröstningar 1922 – 1994
- I August Strindbergs fotspår
- Lilian Smith/Sällsam frukt/besökt Georgia, USA
- Låtsasvän Goofy/om Walt Disney´s Långben
- Rotary – förväntan och ambition.

- Citera §16 i 1809-års regeringsform / Ägarfrämjandet
- I August Strindbergs fotspår
- Lilian Smith/Sällsam frukt / Georgia, USA
- Politiska engagemang / Kulturnämnden, Stockholm
- Invandring / integration / ett nytt Sverige
- Medborgares rättigheter och skyldigheter
- Företagsamhet, generationsgemenskap och kultur
- Förväntan på det nya samarbetet

6 Om inte om varit där

I

Inför galloperationen och narkosen hann många tankar flyga genom hjärnan. Efter – som jag tror – tredje eller fjärde andetaget i narkosmasken sneglade jag på operationssalens stålblanka klocka: 16:27.

Sedan föregående kväll hade jag väntat i sjukhussängen på operation. Men innan dess hade jag redan körts fram och tillbaka genom kulvertarna. Lysrören, som vi alla sett i otaliga TV-sända sjukhusserier, hade rytmiskt dykt upp vid fotänden, glidit i taket över ögonen och försvunnit ur synfältet ovanför pannloben. Framme under den stora operationsarmaturen hade jag sett personalen i sina gröna arbetskläder. En kvinnlig läkare hade presenterat sig. Personalens nickanden och glada hejanden hade hälsat mig välkommen. Jag hade sett och hört hur de förberedde operationen.

II

Plötsligt hade allt stannat upp. En patient hade kommit in för akut operation. I sådana situationer ska personalen avbryta om de inte hunnit påbörja narkosen. Jag hade återförts till sjukhussalen. Där hade den röda lappen om påbjuden operationsfasta hängt kvar på sin plats över min säng.

III

Efter någon timme, strax före middagsmaten, kände jag doften av dillkött utifrån korridoren. För mig gällde fortsatt fasta i väntan på operation. Det skulle dröja till nästa dags eftermiddag. Då kördes jag genom samma kulvertar och till samma operationssal som förra gången.

Åter på plats i operationssalen lutade sig en ung kvinnlig läkare över mig. Hon presenterade sig och sade att det var hon som skulle leda operationen. Hon stod så nära att jag kunde betrakta hennes vackra ansikte, hennes späda näsa, läpparna och hakan.

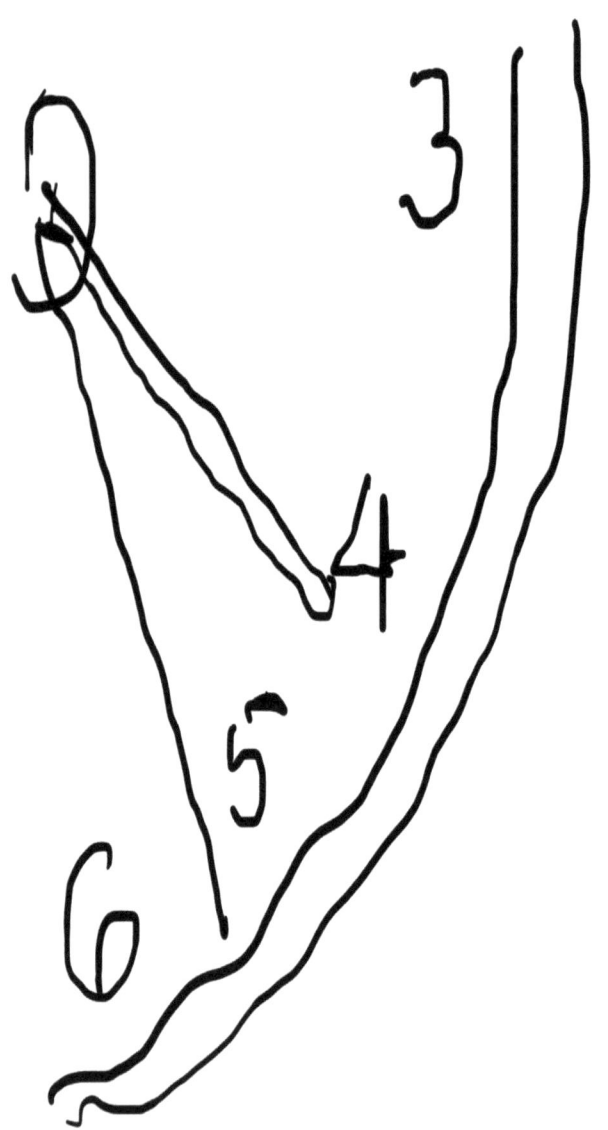

Jag kunde till och med titta in i hennes näshålor. De var helt rena.

Narkossköterskan kände jag igen från förra gången. Hon hejdade sig när hon höll masken över min näsa. Hon såg mig i ögonen och sade att det var bra för både mig och dem som skulle operera, att jag var så lugn trots avbrottet igår.

IV

Jag har sövts flera gånger tidigare men aldrig varit med om att personalen tvingats avbryta just innan narkosen. Jag tyckte inte heller att gårdagens avbrott var särskilt dramatiskt. Jag var inte nervös inför denna sövning heller, precis som narkossköterskan så ömsint noterade när hon tryckte ner masken över min näsa och mun.

V

Situationen triggade istället min koncentration i pannloben, min orienteringsförmåga i hjässloben och mina minnen i tinningsloben. Och i nackloben väcktes min psykiska och fysiska igenkänning.

Vetenskapen kan beskriva hur nervsignalerna i hjärnan kopplas samman i synapserna. Där någonsatans skapas våra tankespån. Men för att bli till färdiga tankar krävs processer i hela hjärnan. Kanske uppstår det aktiva tänkandet när jaget, själen, anden(?) eller psyket reser tur och retur mellan hjärnhalvorna.

VI

Min hjärna skulle aldrig kunnat ha registrerat dillköttslukten från sjukhuskorridoren igår om inte operationen blivit av då. Nu, på operationsbordet, visste jag att det i min hjärna fanns minnen från nya skeden som jag utan den avbrutna narkosen igår aldrig skulle ha upplevt.

Men hade operationen igår blivit av och gått fel, kunde jag nu ha varit död. Då skulle jag inte heller kunna haft några nya minnen från de senaste 12 timmarna. Den långa väntan på nytt operationstillfälle igår och den unga läkarens rena näshålor idag, var nu min hjärnas senaste registreringar.

Och just dessa minnesregistreringar i detta nu, skulle om jag inte vaknade efter denna operation, vara min hjärnas allra sista minnen. Och även de skulle, liksom hjärnans alla andra minnen, försvinna i tomma intet.

VII

Varken minnet av de senaste händelserna eller alla mina andra minnen, skulle kunna redovisas för någon efterkommande om dagens operation skulle sluta med döden. Kunskap och minnen från mina spännande upplevelser och tärande plikter skulle jag inte längre kunna förmedla till någons nytta eller varnagel. Men de intryck och tankar, som jag talat och skrivit om innan detta sjukhusbesök, skulle evntuellt ännu kunna vara till nytta. Kanske skulle det finns några spår av mig kvar i någon annan hjärnas minnen, i någon annans laptop eller som svävande ettor och nollor i cyberrymden.

Under narkosrusets tredje – eller fjärde – andetag sneglade jag på operationssalens stålblanka klocka: 16.27.

-Så blev det, hann jag tänka.

7 Momentant intermezzo

I

När livet börjar och slutar är inte självklart i medicinsk, fysisk, juridisk och filosofisk mening. Enligt den tyske filosofen Arthur Schopenhauer (1788 - 1860) är döden det naturliga tillstånd som förelåg innan vi föddes. Enligt honom är vårt jordeliv ett "momentant intermezzo".

Döden är alltså inte dramatisk, bara en återgången till ett tillstånd som vi tillfälligt lämnat under vårt jordeliv. Jordelivet har i den kontexten ingen andlig relation till evigheten, varken före födelsen, under livet eller efter döden.

Arthur Schopenhauer sätter ord på ett för mig logiskt tankegods. Han frågar sig varför vi hoppas eller tror på ett evigt liv iställer för att acceptera det som han beskriver som "ett icke-varats paradis", vilket han såg som ett "ett mycket bekvämt tillstånd".

II

Min existentiella upptäcktsresa utgick från barndomshemmets gudsförnekelse och började, som för många andra, i de tidiga tonårens vilsna sökande.

Under konfirmationsundervisningen gjorde jag nya bekantskaper bland ungdomar i min ålder och bland vuxna genom deras föräldrar. Efter konfirmationen var jag under flera år engagerad i den gamla Statskyrkans församlingsarbete. Att vår religion utlovar ett villkorat evigt liv efter döden – om vi vill och kan ta emot nåden (?) – har jag aldrig kunnat ta till mig. Jag såg mig som agnostiker (i den populära betydelsen att inte vara säker på om det finns en gud eller inte) ända upp i 40-årsåldern. Då mötte jag Arthur Schopenhauer. Tio år senare gick jag ur Statskyrkan.

III

Nattvardens tänkta innebörd under själva konfirmationsceremonin kunde jag inte ta till mig. Men efter påtryckningar har jag ändå tagit nattvarden en gång efter konfirmationen.

Under mina knappa tio år med kyrkligt engagemang deltog jag i gudstjänstliv och sociala aktiviteter och ledde helgsmålsböner. Men ju längre tiden gick, desto mer fick jag anstränga mig i försöken att hitta något som kunde bli grunden för en egen tro.

IV

Omsider blev konfirmationsprästen min vigselförrättare när jag gifte mig med fritidskantorns dotter. Efter tre år skilde vi oss. Mitt existentiella sökande fortgick, periodvis med långa avbrott för studier, partipolitiskt engagemang och en tid som tillfällig konstrecensent.

V

Arthur Schopenhauer beskrivs som filosofins mest slagfärdiga pessimist. Jag ser inte svårmodet i hans konklusion att det är människans livsvilja som skapar hennes otillfredsställelse:
- Att vi hela tiden söker nya kort- och långsiktiga mål istället för att glädja oss åt de mål vi redan uppnått, det är något jag känner igen i min vardag.

En "pessimistisk förutsättning" för livet behöver inte, tycker jag, leda till individens livslånga pessimism i vardagen.

Under sina bildningsresor i ungdomen reagerade Arthur Schopenhauer häftigt på galärslaveriet i södra Frankrike och arbetargettona i London. Han drog emellertid slutsatsen, att erfarenheter som vinns av varje individ tas till vara av generationerna som följer. I ett förvånansvärt kort Schopenhauerskt tidsperspektiv kan vi måhända tolka in att industrialismen med dess tunga jobb och vidriga boendemiljöer skulle förbättras (något) redan inom en generation. Nya erfarenheter och kunskaper förmedlas från en generation till nästa. Utvecklingen går framåt.

Tillvaron blir inte bara drägligare utan bättre och innehållsrikare över tid, för alla.

VI

Arthur Schopenhauers momentana intermezzo är för mig ett trösterikt och logiskt förhållningssätt till livet. Genom hans fönster mot "det naturliga tillstånd som förelåg innan vi föddes" kan jag koppla samman skeenden i mitt liv – igår, idag och imorgon – med livet omkring mig och med mitt och andras erfarenhetsutbyte över generationsgränserna. I båda riktningarna. Vi lär av varandra. Vi är historien.

Med vår nyfikenhet och våra erfarenheter bidrar vi individuellt och kollektivt till utvecklingen över tid. I denna ändlösa kedja av reproduktiva livsformer pågår en oåterkallelig resa framåt.

Arthur Shopenhauer såg en svaghet i "att aldrig bli tillfreds". Visst, den svagheten kan tynga vårt psyke, vilket i värsta fall gör oss oförmögna att uppleva nuets fysiska och psykiska sanna värde. Men ett välbehag i att vara tillfreds med det vi har, kan också kväva motivationen för att staka ut nya kort- och långsiktiga – rationella och konstnärliga – mål i livet.

Att "aldrig bli till freds" är inte endast en svaghet, som Arthur Schopenhauer hävdar, det är också en kraftkälla för människans ständigt växande intellektuella kapacitet. Myntet "att aldrig bli till freds" har två likvärdiga sidor: Det ger oss, å ena sidan, tillfredställelse här och nu och, å den andra, nyfikenhet och anvarstagande över generationsgränserna – framåt och bakåt.

8 Smultronställe IRL

I

Min generations barndomsminnen är till stor del knutna till den fysiska världen. Känslor, glädjeämnen och sorger kopplar vi gärna till en bestämd plats i tid och rum. Några av våra särskilt varma och glädjefyllda bardomsminnen har blivit vår barndoms smultronställen.

För iGen, smartphonegenerationen född mellan 1995 och 2012, är det viktigt att skilja på vad som hänt i den "riktiga världen" – IRL (In Real Life) – och och vad som hänt virtuellt på nätet. De är den första generationen som aldrig levt utan internet.

Dagens unga vuxna och barn kommer också att koppla sina barndomsminnen till en bestämd tid och till en plats. Men för dem handlar det, dels om en tid och plats i den verkliga verkligheten, dels om en virtuellt dataproducerad tid och plats på en social plattform, i en minnesvärd spelupplevelse eller under ett upplevt flow via en Youga-app. Trots det handlar det för de unga ändå om faktiska upplevelser: i ett virtuellt universum eller i IRL-format. De ungas egna smultronställen kommer att bli fler och i andra former än det vi äldre känner igen oss i.

Men fysiska händelser och fantasialstrade – falska eller önskade – barndomsminnen kommer vi alla ändå att lagra i våra hjärnor, med eller utan viturlla impulser.

II

Be din jämnåriga vän beskriva sin barndoms smultronställe. Hen kommer att kunna ge dig en eller flera mycket exakta beskrivningar.

Men dina och dina jämnårigas minnesbilder överensstämmer sällan med originalet: Platsen – i minnet – är i någon mening vackrare än den var i verkligheten. Den utstrålar mer värme och trygghet i minnet än den gjorde i verkligheten.

På den platsen råder fridfull avskildhet, starkare och annorlunda än vad som rådde där och då på riktigt. Minnet har med åren förstärkt den tidens och den platsens specifika aura.

Din jämnårige vän betraktar sitt barndoms smultronställe. I sitt inre minns hen kanske en utsiktsplats i skydd av en mäktig trädstam. Genom de skira snåren ser din vän en stor, vit byggnad. Scenen vilar i milt dagsljus eller i stillsam skymning. För sin inre syn ser din vän några vuxna.

Dessa vuxna kunde din vän titta – och ibland tjuvlyssna – på utan att bli upptäckt. PÅ din väns smultronställe var alla vuxna vänligt sinnade. Ibland skvallrade de om skrämmande, udda existenser som fanns i familjens och släktens periferier. Men de hade din vän, som barn, ännu aldrig mött.

Din vän minns, från denna plats och denna tid, en annorlunda ensamhet, en egendomlig vilja till eftertanke. Melankoliskt återvänder din vän till sin ungdoms livliga fantasi och frustande nyfikenhet. De minnesbilderna omtolkar din vän – liksom du omtolkar dina – till värdefulla rön om vuxenlivet.

III

I dataspelens värld finns svåra och spännande konfrontationer och intellektuella utmaningar. För vilken valuta som helst (riktiga pengar, bitcoins eller poängsaldon) kan deltagarna skaffa sig egna kompetenser, egna fysiska förutsättningar och egna konkurrensfördelar som saknar motstycke i IRL

I avancerade onlinespel kan deltagarna – precis som i verkligheten – omöjligen förutse vad som ska hända efter nästa drag. IT-programmerare har lagt in individanpassade variabler som – utifrån spelarens färdigheter, införskaffade tillgångar och egna beslut – utlöser enstaka episoder eller sammanhängande skeenden kopplade till användarens profil. IT-programmerarna har för sina klienter nyskapat den fysiska verklighetens oförutsägbara förutsättningar.

IV

Vi i de äldre generationerna har andra referenser än de ungas som är gränsöverskridande mellan IRL och interaktiva datamiljöer.

På vår tid, de äldres barndomstid, förmedlade raspiga stumfilmer och kolorerade diabilder förvisso spännande och overkliga scenerier. Men de förmådde sällan eller aldrig manipulera varken höger eller vänster hjärnhalva till den grad att vi förflyttade oss till en (fantasi)värld som vi kunde uppleva "på riktigt" och skicka vidare till andra i virtuellt.

Vi kunde inte kopiera upplevelserna men vi kunde muntligen dela med oss av dem till andra. Dagens unga vuxna har olika konton för olika slags dagdrömmar.

Virtuella upplevelser är för de unga och kommande generationer lika påtagliga och värdefulla som de fysiska och psykiska i den verkliga världen. Dagens unga kommer på sin ålders höst att nostalgiskt beskriva sin barndoms smultronställe utan att värdera de verkliga händelserna högre eller lägre än de virtuella erfarenheterna.

Morgondagens generationer kommer att ha andra och fler influenser om livets betingelser att föra vidare till andra än vad dagens äldre har.

V

Du bad din vän beskriva sitt barndoms smultronställe. Det är först i vuxen ålder som vår barndoms egna smultronställen blir tydliga: Mor- och farföräldrars omsorger. Tid för lek och gemenskap. Vuxnas fysiska och hårda vardagslunk.

Låt oss byta barndomsminnen med varandra – över generationsgränserna. Minnesbilder som är uppbyggda av ettor och nollor kommer att blandas med allas våra traditionellt analoga intryck.

9 Eljest

I

Den första skoldagen följde min mamma med mig. Aulan var full av elever och mammor. Efter uppropet följde vi, barn och mammor, efter lärarinnan till klassrummet. Bänkarna stod två och två. Vi fick sätta oss hur vi ville. Jag gick, före mamma, mot tredje eller fjärde bänk nära klassrumsdörren. Precis när jag skulle sätta mig, kom en pojke som ville sitta bredvid mig.

Mamma tog mig i armen och flyttade mig en bänkrad bakåt.

-Jag tycker inte du ska sitta bredvid honom, sade hon.

Pojken såg förvånat på mig. Han hade ett ärr under näsan. Att han hade fötts harmynt och att han hade opererarats, berättade hans mamma flera veckor senare.

II

Nästa dag skulle jag gå till skolan ensam för första gången. Jag kom fram för tidigt. Solen lyste. I skolans köksträdgård krattade skolvaktmästaren de smala grusgångarna. Vi var flera elever som hängde på staketet. Plötsligt ringde den elektriska skolklockan – gällt och vasst. När jag kom fram till min plats hade jag fått en ny bänkkamrat.

Pojken med ärret på överläppen satt nu på nu sin plats snett framför mig. Han vände sig om. Våra blickar möttes. Ingen av oss sa något.

Lärarinnan delade ut skrivböcker och pennor. Sedan fick vi varsin lärobok som vi skulle ta hem och klä med skyddspapper. När skoldagen var slut packade alla sina skolväskor. Det var gymnastikpåsar i tyg, gamla virkade väskor och nyinköpta portföljer. Jag hade fått en ny grå ryggsäck.

Ute på skolgården kom pojken med ärret fram.

-Hej, vi bor samma hus. Jag bor i 21:an.

Vi gick hemåt tillsammans. Till en början tysta. Jag minns att jag då tydligt kunde se hans ärr över läppen och att hans ena ögonbryn slokade på ett konstigt sätt. Han såg hela tiden lite förvånad ut.

-Vad heter du, har du några syskon?, frågade han.
-Ulf. Nej, jag har inga syskon.
-Vi kan väl gå i lag till skolan imorgon?
-Jooo, sa jag försiktigt och tänkte på mammas grepp om armen när hon flyttade mig bakåt en bänkrad.
-Vad heter du?
-Jan, sade han och fortsatte, jag har en sköldpadda som heter Lunkentuss. Jag hämtar dig i morgon.

III

Nästa morgon ringde det på dörren. Mamma öppnade. Hon kände igen pojken.

-Du förstår, sa hon till honom – i samma tonläge och tempo som alltid talade med mig och alla andra vuxna – jag måste börja jobba snart, jag får lappsjukan här ute. Bra att Uffe får sällskap till skolan.

-Uffe! Gå med killen här till skolan. Jag hämtar dig när skolan är slut!

Jan höjde sitt slokande ögonbryn och såg nästan häpen ut. Mammas vuxna tilltal kändes antagligen ovant för honom.

IV

Efter sista lektionen stod mamma och väntade ute i korridoren.

-Han, den där killen, är väl snäll va?, frågade hon om Jan, som hon ännu inte visste namnet på. Hon fortsatte utan att vänta på svar:

-Uffe, jag måste prata med dig. Jag vet att pappa (så kallade hon alltid min styvfar David) vill att jag ska vara hemma tills du börjar tredje klass. Men jag får lappsjukan här ute. Jag kan få jobb på en skrivbyrå (den tidens bemanningsföretag). Jag hoppar in när de behöver extra folk. Jag kommer att kunna sluta vid två-, tretiden. Senast klockan fyra ska jag vara hemma. Varjedag.

Sedan tystnade hon. Vi gick nästan ända hem utan att säga något. När vi skulle gå över gatan mot vår port tog mig i armen:

-Du, vi går till parken istället.

V

I sandlådan lekte flera barn. På en soffa intill satt två unga mammor. Min mamma gick och satte sig på en soffa mittemot. Jag satte mig på sandlådans framkant och pillade i sanden med fingrarna. De unga mammorna på soffan framför mig slutade att prata. De tittade nyfiket på mamma. De viskade något.

Min mamma var vad vi idag kallar biopolär, med stora humörssvängningar: upprymdhet, ledsamhet, depression och ilska.

Jag vände mig om och såg att hon satt med huvudet i sina händer. Hon vaggade sakta fram och tillbaka. Långsamheten i förortens stilla lunk hade gjort henne otålig och ledsen. Jag gick och satte mig bredvid henne.

-Jag vantrivs så hemskt här ute, sa hon med ansiktet i handfaltorna.

Jag förstod att mammorna på den andra bänken hörde vad min mamma sade. När jag fångade deras blick, tittade de bort. När jag vände mig mot min mamma började de viska.

Vantrivseln hade ett tagit ett fast grepp om min mamma.

Vuxnas ovanor och fördomar liksom deras normer och värderingar smittar av sig på deras barn. Vuxnas attityder och förhoppningar och tillkortakommanden förstås också av deras små barn, långt tidigare än de vuxna själva anar.

Innan jag somnade den kvällen hörde jag hur mamma och styvfadern bråkade om att hon ville börja jobba igen. Hon upprepade:

-Uffe är stor nog, han klarar sig, Uffe är stor nog, han klarar sig.

Efter någon vecka började mamma arbeta.

VI

Jan och jag höll ihop och ibland följde jag med honom hem på frukostrasten. När vi skulle gå tillbaka till skolan, sade hans mamma varje gång:

-Må gud vaka över er, gå försiktigt över gatan.

Att gud skulle vaka över oss, hade jag aldrig hört någon säga.

Jan, som såg annorlunda ut och hade gud i sitt hem, hade säkerligen också egna erfarenheter av vuxnas fördomar.

Jan och jag var nog båda lite eljest, var och en på sitt sätt. Det kände vi antagligen på oss. Utan att då kunna formulera det varken för oss själva eller varandra.

10 En mara

I

Jag går längs Hornsgatan. På vänstra trottoaren. Ensam. Mot Hornstull. Hemåt. Jag bor ute i Västertorp. Jag vet att jag kan åka hem direkt med spårvagn nummer 17.

Många spårvagnar kör förbi. Men inte nummer 17. Den borde komma snart.

Jag går till nästa hållplats.

II

Ingen nummer 17 i sikte. Jag stiger på nummer 10 istället. Den vänder borta vid Hornstull, så det är åt rätt håll. Men redan efter en hållplats blir det fel. Den svänger till höger, in på Torkel Knutssonsgatan, ner mot Söder Mälarstrand. Här ska inga spårvagnar gå. Bara de gråa, ombyggda motorvagnarna med öppna lastvagnar som fraktar sten och sand till de nya banvallarna i förorterna.

Trots att spårvagnen kört in på fel gata reagerar ingen av passagerarna. Jag känner mig lite rädd. Jag stiger av så fort vagnen stannat och går tillbaka uppför backen till hållplatsen på Hornsgatan.

Ännu syns ingen spårvagn nummer 17.

III

10:an, 3:an, nummer 16 och 4:an kommer förbi. Men alla spårvagnarna är fel. Spårvagn nummer 3 körs aldrig med en modern Mustang. På den linjen går bara de vanliga, gamla tvåaxlade innerstadsvagnarna från 1920-talet. Där kommer nummer 16 men det är också fel spårvagnsmodell på fel linje. De här knubbiga vagnarna med vikdörrar på båda sidorna ska inte vara här. De ska gå som nr 12 ute i Äppelviken.

Linjenumren är de rätta för att gå på Hornsgatan men de körs med fel vagnsmodeller.

Nu kommer nummer 3, den går till Högalid. Det är också åt rätt håll. Men det är fel spårvagnstyp: ett förortståg med två släpvangar. Det är i alla fall åt rätt håll. Jag stiger på.

Allt blir fel igen.

Den här spårvagnen svänger till vänster in på Rosenlundsgatan. Jag stiger av och springer tillbaka till Hornsgatan.

Rädslan sätter in. Jag halvspringer hemåt mot Hornstull och Liljeholmsbron.

IV
Nu kommer en jitterbuggare skumpande. Sådana ska bara gå som nummer 7 ut till Djurgården. Det är med sådana vagnar som mormor och jag åker till Skansen och Gröna Lund. Den här borde vara på ett helt annat ställe i stan. Jag stiger på i alla fall.

Jag sätter mig på en fönsterplats mitt emot två tanter. De nickar och ler. De tycker antagligen att jag är rätt liten för att åka spårvagn ensam. Jag tittar ut genom fönstret. Jag vill inte visa att jag gråter.

Oroligt kniper jag ihop ögonen i varje korsning. Jag har tur. Vagnen fortsätter åt rätt håll. Rakt fram. Hållplats efter hållplats. Det börjar det skymma.

V
Nästa hållplats ska jag av. Det är Hägerstensåsen. Jag känner igen mig. Här bor jag. Men det står Sätra på hållplatsskylten. Det ligger inte ens i närheten. Men jag känner igen då gråa stjärnhusen till höger. Vårt hus är grönt och ska ligga till vänster – men det är borta. Där finns bara en stor gräsplan.

Hjärtat klappar. Jag sitter kvar.

Vid nästa hållplats stämmer allt igen. Västertorp. Eftersom jag åkt en hållplats för långt stiger jag av och går tillbaka, hemåt.

Jag går på parkgången längs spårvagnsspåret. Allt är sig likt. Jag är andfådd och tårögd. Jag halvspringer.

Uppe på krönet står enbuskar på båda sidor om parkgången. Det stämmer inte. Jag blir villrådig men fortsätter ändå. Parkgången smalnar av, enarna står allt tätare. Jag går framåt. Parkgången blir smalare och smalare. Nu är det bara en lerig stig.

Plötsligt glider enbuskarna gihop i leran. Jag är helt inklämd mellan de vassa buskarna.

VI

Med gråten i halsen, pressar jag mig framåt. Barren sticks på vänstra handens ovansida. De rivs. Det blöder. Jag pressar mig framåt.

Genom buskarna skymtar jag vårt grönrappade hyreshus. Snart är jag hemma! Jag går in i port nummer 17. Jag tar hissen upp till 3:e våningen, där vi bor.

VII

Dörren är sig lik men på brevlådan står fel efternamn. Jag springer ner en trappa. Där finns namn som jag aldrig sett. Jag springer upp två trappor. Där, på fel dörr, står vårt efternamn.

Jag ringer på. Dörren öppnas. Där står en gammal gumma som jag aldrig sett. Jag skriker:

- Mamma! Mamma!

Jag vaknar kallsvettig och andfådd. Rullgardinen är inte helt neddragen. I glipan ser jag himlen. Det har börjat ljusna.

11   I huligandepån

I

Vi var tre patienter i sjuksalen. Den fjärde sängen stod tom. Det var bara jag som hade vaknat av mumladet och skramlet ute i korridoren.

Personalen försökte lugna ner en bråkig patient. Jag förstod att patienten hade svåra smärtor men jag kunde inte höra vad de talade om. Jag somnade om.

När jag vaknade på morgonen låg en yngre man på sängplatsen mitt emot min fotgavel. Han hade ett igenmurat öga, dropp och bandage.

Jag skjutsades till duschen och kom tillbaka i operationsskjorta och sjukhusstrumpor inför dagens operation. Den mörbultade ynglingen låg ännu stilla i sin säng.

II

Jag hör att nykomlingen börjar röra på sig. Jag blir nyfiken och häver mig upp på armbågarna för att se vem som kommit in. Våra blickar möts. Jag nickar honom välkommen. Han lyckas resa sig i halvsittande ställning. Han börjar rota efter något i nattygsbordet. En sjuksyster kommer in och ropar:

-Lugn, lugn – nyckeln ligger under kudden.
Jag måste kolla en grej, ropar han med hest röst.

När han hittar nyckeln med den stora aluminiumbrickan, låser upp skåpet och trevar med handen bland sina klädbylten. Han får fått i sin mobiltelefon och faller andfådd och utmattad ner på rygg.

Sjuksystern drar fram lakanet under hans tunga kropp. Han sliter loss täcket och slänger det så gott han kan ned mot fötterna.

III

-Kolla näsan, hur sitter den? Han gnyr av smärta – men är samtidigt uppspelt och frågar om han stora sår i pannan. Alkohol och centralstimulantia finns ännu kvar i hans kropp.

-Näsan sitter ganska rak, svara systern snorkigt. Vad har du varit med om?
-Jag vart kängad.
-Oj.
-Råsunda..
-Usch och fy, jag får ju inte säga nå´t, men fy vad dumt att ni slåss på matcherna.
-De´ va´ inte på matchen, efteråt.
-Det är lika hemskt ändå. Man ska inte slåss.
-Mmmmm. Huu.
-Vi får in både pojkar och flickor – det är hemskt att ni ska slåss, säger systern igen. Nästan med gråten i halsen, låter det som.
-Äh, tjejer ska man inte slå. Hihi, gnäggar han övertydligt för att visa hur lite sjuksystern – och vi andra i rummet – fattar.
-Snart ska du ha nytt dropp och sen blir det röntgen. Ring på klockan om du behöver något.
-Mmmm.

IV

Han tar fram sin mobil och för pekfingret över skärmen. Efter en kort surf stannar han upp och läser. Efter den ansträngningen lägger han huvudet på kudden och mobilen på magen. Han suckar tungt.

Efter någon minuts vila sätter han mobilen till örat.
-Tja
-xxx
-De e´ okej – De´ måste ju varit en 20 stycken va?
-xxx xxx
-Ja jag såg.
-xxx xxx xxx xxx xxx xxx xxx xxx
-Ja´ tuppade av i luften när jag flög bakåt – vilken känga...
-xxx xxx

-Och polarna?
-xxx xxx xxx....

En annan sjuksyster kommer in med instrument och mediciner
på sin vagn. Hon viftar med journalmappen för att avbryta hans
telefonsamtal.

-Hej, nu får du sluta.
-Mmmm
-xxx xxx
-Mmm
-xxx xxx xxx
-Måste sluta nu, tja.

-Kan du säga ditt födelsenummer?
 -7503...

Sjuksystern får hans uppgifter, tar blodtrycket och säger torrt:
-Snart hämtar de dig till röntgen, hur känns det i huvu´et?
-Det känns ju att man har ett huvud, he he he...

V
Sent samma eftermiddag är patienten tillbaka efter besöket på
röntgenavdelningen. Han ringer många samtal. Konversatio-
nerna förs i allt mer uppsluppen och förväntansfull ton. Det är
tydligt att han genom sitt agerande igår fått respekt bland de
sina. När han avslutat sina samtal vänder han sig mot mig.

Han söker kontakt med triumferande blick. Jag låtsas slumra.

VI
Jag befinner mig för första gången i livet tre meter från en fot-
bollshuligan. Vi är båda i en sjuksal fylld med livsuppehållande
resurser. Jag får vård.

För min granne och slagskämpe tycks vistelsen här vara ett sta-
tushöjande avbrott i en huligandepå mellan firmornas drabb-
ningar några kilometer härifrån. I deras värld ger våldet pres-
tige och pluspoäng.

12   Under Västerbron

I

Mitt jordeliv, mitt momentana intermezzo, började på Södra BB i Stockholm den 22 januari 1945, kl 02.46. Jag är inte skriven som "uä" (född utom äktenskapet) i kyrkboken. Mamma hann gifta sig med sin verktygsmakare före nedkomsten. Hon berättade aldrig vem som var min biologiske far. Den frågan förblev för mig omöjlig att ställa till henne – och till många andra.

II

För generationerna födda ända fram på 1930- och 40-talen var frågor om sexualdrift och utomäktenskapliga faderskap förknippade med sorg och skam. För många var utomäktenskapliga sexuella kontatker synd med social utstötning som påföljd. De religiöst rättrogna hotades dessutom med en evig skärseld efter sin död.

Jag har starka barndomsminnen av hur vuxna tystnade när ämnet kom tal. Då harklade de sig och fladdrade med blicken.

Min styvfar försökte ofta rädda stämningen:
-Nej, han är för liten, han förstår inte.

Då kikade mamma på mig i smyg. Eftersom jag aldrig med en min visade att jag hört och förstått, kunde hon alltid andas ut.

Redan före fyraårsåldern märker barn när vuxna hoppas och låtsas att barnen varken hör eller förstår. Vuxna avslöjar sig på samma sätt som små barn gör när de gjort något ofog: De blir tvärtysta i hopp om att inte bli avslöjade. Sådan tystnad avslöjar barnens tabun inför de vuxna och de vuxnas tabun inför sina barn.

III

Jag vet inget om tid och plats för min mammas och min biologiske fars parningsakt. Men i min hjärna dök en fantasibild upp: Under Västerbron, på Långholmen. Lite undanskymt – fast mitt i stan. Det triggade min fantasi och nyfikenhet. Jag inbillade mig att jag hade upptäckt en sanning.

Jag tog bilen, körde till Långholmens parkering utanför det gamla fängelset och betalade för en timmes parkering. Jag promenerade bort till Västerbrons södra fäste. Jag gick in under bron (öppnad den 20 nov 1935). Jag jämförde vad jag såg med min fantasibild:

"Dit solen inte når. Torrtrampad gropig jord, täckt med småsten och grus. Över allt ett mjölfint lerdamm. Det luktar ingrodd lort och kattpiss. När skymningen faller, binder fukten det torra dammet. Samtidigt släpper nattluften lukterna fria: Unken, syrlig urin. Mögligt tidningspapper. Skit. Härskna matrester."

Jag står på fantasins utvalda plats. Det är folktomt. Inget gräs. Bara torkad lera och grus. Klockan är tjugotvå minuter över fyra. Skuggorna är eftermiddagslånga. Det är förvånansvärt tyst. Bara ett svagt sus från trafiken uppe på bron.

Jag tänker bort ölburkar, plastpåsar och färggrann grafitti. Men de gamla tidningarna, papperstussarna, brädlapparna och den snuskigt smutsiga tygtrasan stämmer väl med min fantasibild. Brofästets tunga fundament känns bekant. Odören stämmer med min fantasibild.

IV
Det finns en förklaring.

Jag minns, hur jag som liten lekte här i närheten. Min ensamstående mamma, min frånskilda mormor och jag badade ofta i Riddarfjärden på Långholmens norra sida. Vi solade på en grön, sliten filt med vita blommor. Vi hade med smörgås, kaffe och saft. Ett par böcker med Stadsbibliotekets röda pärmar, fanns alltid med. Säkert har jag sprungit hit och kissat lite i skymundan med den gröna, trygga filten inom synhåll.

ASSOCIATION

Jag erinrar mig Dustin Hoffmans rollfigur i filmen Mandomsprovet (1967) när han fått veta, att Mrs Robinsons dotter avlats genom en parningsakt på svettvåt, pastellfärgad galonklädsel i baksätet på en Buick Bel Air från 1956. I min mammas fall ägde den akten rum 1944 på ett snustorrt, grovkornigt underlag. Könsdriften har för artens fortlevnad varit lika stark i alla tider. Och för de unga – och alla andra – som parade sig under liknande omständigheter tog livet en tvär och ny vändning.

13 Mamma, pappa, barn

I

Efter folkskolan började min mamma som springflicka. Senare lärde hon sig maskinskrivning och stenografi. Med de kunskaperna arbetade hon fram till pensionen. Sista arbetsåren skrev hon på stationär dator.

Hon accepterade aldrig att bli gammal. Fyllda 65 arbetade hon vidare via skrivbyråuppdrag. När hon lämnade sitt sista uppdrag hade hon just fyllt 71 år.

Tio år senare kom demensen. Min styvfar och hon lyckades tillsammans dölja för mig hur illa det var. Först när han dog, såg och förstod jag att min mamma var dement. Hon kom då snabbt in på ett demensboende. Hon dog 89 år gammal.

II

I ett tidigt barndomsminne finns en man som troligen var min biologiske far. Utifrån andra händelser vet jag att jag var fyra år vid det tillfället.

Mamma och jag satt på vår strandfilt på Mälarhöjdsbadet. En man kom fram och pratade med henne. De kände varandra. De talade bokstavligen över mitt huvud.

Han ville visa sin bil. Vi åkte en runda. Jag satt i baksätet. Han visade att spaken till körriktningsvisaren hoppade tillbaka automatiskt efter varje sväng. När vi stannat tog han fram sin plånbok.

När mamma och jag stigit ur bilen fick jag lova att inte säga något när vi kom hem.

III

Mamma hade påbörjat skilsmässoprocessen innan jag hade fyllt två år. Om den biologiske fadern och skilsmässan kom jag aldrig ställa några frågor – varken till min mamma eller någon anna. På den tiden talade man bara inte "om sån´t".

Efter mammas död tog jag reda på vem som var min far. Några år efter skilsmässan hade han gift om sig med en några år äldre kvinna. De hade fått en dotter. Jag har valt att inte kontakta denna nyupptäckta halvsyster.

I kyrkboken har min biologiske far titeln verktygsmakare. Enligt dåtida lag (giftermålsbalken, 1920 års lag) skulle han och min mamma vara åtskilda "till säng och säte" ett år innan skilsmässan trädde i kraft. Det gjorde den 1949.

På hösten samma år gifte mamma om sig med mannen som blev min styvfar. De åkte på bröllopsresa till Paris. Mormor och jag vinkade av dem på Nybroplan varifrån dåtidens flygbussar utgick till Bromma. Var, hur, när och varför de gifte sig, var deras gemensamma och livslånga hemlighet. De utgick felaktigt, bekvämt eller ångestfyllt, från att jag inte kunde ha några starka barndomsminnen från tre års ålder.

Min mamma och min biologiska far är döda.
Jag har inga egna barn.
Jag har inga blodsband till nästa generation.

KURIOSA:
Av mantalslängden framgår det att min biologiske far under sina sista levnadsår, som änkling, bodde fem kvarter från oss i samma stadsdel som vi, mamma, styvfar och jag. Jag såg aldrig några tecken på att varken mamma eller styvfadern hade en aning om det.

IV
Att inte veta något om sin far utöver uppgifterna i mantalslängden, att inte ha några syskon, att i allra största möjligaste mån ha undvikit i att kalla styvfadern för "pappa" och att inte ha några blodsband till nästa generation, det är ramverket för mina livserfarenheter.

Våra individuella livsöden blir våra livslånga referenser. Trots olika hemförhållanden, får vi dock alla, under barn- och ungdomsåren, många generella intryck som vi alla känner igen oss i när vi blivit äldre: lekarna på gården, första skoldagen, snälla och bråkiga kamrater, kamraters stränga, ömsinta eller frånvarande föräldrar. De vuxnas politiska, religiösa pekfingrar, de vuxnas välvilja och fördomar.

I min barndom talade inte vuxna i tillräcklig omfattning med sina barn om sådant som vi rimligen hade rätt att få veta. De flesta vuxna måste dock ha förstått, att barnen, förr eller senare, själva eller med hjälp av andra, skulle komma sanningar på spåren.

I det avseendet är dagens föräldrar mindre fördomsfulla och mer insiktsfulla än vad mina föräldrar var. Det är bra.

14 Vuxnas förklaringsbörda

I

Redan i tidig treårsålder läser barn av stämningen i rummet och registrerar olika händelser. Före fyllda fyra år minns barn kontroverser och glädjeämnen mellan vuxna personer i deras närhet. När de fyllt fyra är det svårt att lura eller dölja en sanning för dem.

Barnets tidiga medvetenhet om föräldrars och släktingars obekväma sanningar blir inte sällan till mörka barndomsminnen.

II

Min mamma var vad man idag kallar bipolär. Hon svängde snabbt mellan höga glädjetoppar och djupa depressioner med ilska, hot, gråt och tjat. När någon föreslog att hon borde söka läkare och få hjälp, blev hon rasande.

Jag blev tidigt skicklig på att läsa av hennes sinnestillsånd. Jag visste vad som skulle vara för mycket och vad som skulle vara för lite av både skämt och allvar. Jag såg när ett utbrott var i antågande. Men jag lärde mig också att i viss mån styra vuxnas stämningslägen och samtal i en för mig gynnsam riktning.

Efter utbrotten blev hon tyst och ledsen, då sade hon ofta med hulkande röst:

-Någon gång, Uffe, ska jag berätta något för dig.

Jag ställde aldrig någon följdfråga. Då skulle hon fått ett nytt utbrott eller stängt in sig i sovrummet för resen av dagen.

III

Under hennes sista år tog demensen över. Humörssvängningarna kom allt tätare och blev allt djupare. Hon visade ilska och irritation mot allt och alla. När ilskan och bitterheten lagt sig, blev hon vänlig och ömsint och inte sällan rolig och slagfärdig.

Under hennes lugna perioder kunde jag ta med henne på kaféer utan att väcka obehaglig uppmärksamhet. Men demensens utförslöpa var utan återvändo. Hon blev allt sämre, helt enligt det mönster som jag informerats om på demensboendets föreläsningar.

IV

En solig förmiddag i sjukhusparken tog jag mod till mig:

-Minns du när jag föddes.
-Klart jag gör. På Södra BB klockan halv tre på natten.
-Var bodde vi då?
-Med mormor på Hornsgatan.
-Men bodde vi inte på Slipgatan?
-Jo, men vi var mest hos mormor. På söndagarna badade vi på Långholmen. (I hennes minne fanns ingen vinter, ingen enrummare med kokvrå.)

Jag försökte:

-Men bodde vi inte där med – "pappa David"? (Som hennes son, 68 år gammal, fick jag ta sats för att få ur mig orden "pappa David".)

Hur skulle hon reagera?
Skulle hon bli rasande eller förtvivlad?
Skulle hon vägra att gå tillbaka till vårdhemmets korridor?

-Nej, med honom bodde vi ju på Storsvängen i Mälarhöjden.

Det var inte sant. Jag minns att styvfadern satt uppe på lastbilsflaket med vårt lilla bohag när vi flyttade från Slipgatan till Västertorp. Mamma och jag satt i lastbilens trånga hytt.

Och så fortsatte hon med någonting helt annat:

-Jag var sexton när mamma och pappa skilde sig. Jag åkte varv efter varv med pappa på spårvagnen (han var spårvagnskonduktör) för att slippa vara ensam hemma. Det var för djävligt.

V

Hon blev allvarlig och började pilla på sina nagelband. I sina fornstora dagar som sekreterare hade hon alltid haft snygga, välvårdade, målade naglar. Nu var de omålade men ändå rena och filade. På demensboendet kunde man köpa till tand-, fot- och handvård. Det gjorde jag.

Hennes ansiktsuttryck, hennes koncentration på nagelbanden och hennes ovilja att möta min blick var kända tecken. En gråtattack eller ett raseriutbrott var nära förestående. Jag försökte:

-Vill du att vi ska gå tillbaka?
-Du ska fan i mig inte tycka synd om mig. Fattar du det? Jag klarar mig själv!

Hon gick med allt raskare steg vidare in i parken. Jag ökade takten bredvid henne. Skulle jag våga säga till henne att vi gick åt fel håll? Jag tog henne lätt i armen:

-Du, vi vänder och går tillbaka.

Hon vände på klacken. Gick lika fort åt andra hållet:

-Håll du bara käften!

Sedan fortsatte hon under tystnad men vek av på fel grusgång. Jag insåg att hon inte skulle hitta tillbaka själv. Jag tog henne i armen. Hon protesterade inte. Nu var hon ledsen och uppgiven. Hon lät sig lcdas tillbaka.

VI

Gamla oförrätter, trauman och livsgåtor tyngde min mamma hela hennes liv. Hon bar på en förklaringsbörda som av alla år i förnekelse och tystnad blivit omöjlig att göra sig kvitt. Där fanns något hon inte kunde berätta. Den bördan hade slukat hennes energi och gjort henne bitter redan som ung mamma.

Vi vuxna ska aldrig gömma och ljuga för våra barn, allra minst när de är stora nog att förstå sak och orsakssammanhang. Med varje enskild undanflykt och med varje onödig mörkläggning, byggde de vuxna själva upp sin egen förklaringsbörda. Den tärde på dem sjäva och den urlakade deras barns tillit och lojalitet.

Vuxna och äldre ansvarar för nästa generations tillit och lojalitet över generationsgränsen i båda riktningarna.

Ambitionen ska vara att göra allas vår tillvaro – våra stunder här på jorden, våra momentana intermezzon – mer begripliga här och nu och inför framtiden – individ för individ.

15 Hos mormor

I

Före skolåldern var mormor i praktiken min extramamma. Jag var ofta där på kvällar och på veckoslut. Hon dog när jag var 13 år. I bouppteckningen fanns bara 418,36 kr redovisade. Men vi hade roligt och om pengar talade hon aldrig med mig.

Som tonåring förstod jag att hon var både lättsam och kanske lite eljest:

-Man ska unna sig det man kan, sa hon.
-Det inte fel att ha roligt.
-Om vi tappar bort varandra på stan, stå bara stilla, gå inte vilse, jag kommer alltid att hitta igen dig.
-Fynd, det gör man bara i lumpbodarna.
-På Hasselbacken friade Aage, din morfar, till mig.

-På de här kartongbitarna skriver jag på vers, sade hon hemlighetsfullt och läste några strofer om hälsingeskogar och julottor. Det får du inte berätta för någon.

-Ät det färska brödet först, de andra bullarna är redan gamla.
-Jag är svarthårig och brunögd, det finns lite vallon i mig!
-På Drottninggatan mötte jag Strindberg en gång.
-De där fyra tallrikarna från Berns hittade jag när jag plockade ved vid vid Brunnsviken.
-Om någon är dum mot dig, ska du berätta det för mig.

-Det där runda bordet har din riktiga pappa gjort. Det får du inte berätta för någon. Inläggningarna heter intarsia, sade hon med en särskilt fin betoning.

-Där borta i huset vid Gröna Lund har jag varit piga.
-När du satt i barnvagnen fick du en kram av Sickan Karlsson.
-Du får aldrig börja slåss, men du ska försvara dig.
-När jag var liten sjöng jag solo i Ljusdals kyrka.

II

När jag föddes bodde hon på Hornsgatan. Där hade hon bott som gift med min morfar. De hade skilt sig när min mamma var 16 år. Hon hade en inneboende, som hade egen ingång. Jag såg aldrig någon varken i köket eller på toaletten.

I sovrummet fanns ingen rullgardin. På kvällen drog hon för gardinerna för de höga fönstren så gott det gick och fäste ihop dem med en säkerhetsnål. Hon sov längs ena väggen, jag längs den andra i min hopfällbara säng. Innan jag somnade tittade jag i taket efter spårvagnarnas och bilarnas ljuskäglor i taket. Kom ljuset in uppe i taket över min säng och försvann bortåt mormor, körde de ner mot Hornstull. Kom ljuset in över mormors säng och försvann över mitt huvud, åkte de bortåt Slussen. Jag kunde höra skillnad på personbilar och lastbilar och på de tvåaxlade innerstadsvagnarna och de tunga förortstågen. Ofta sjöng hon sin godnattvisa:

När månen vandrar på fästet blå
och tittar in genom rutan,
då tänker jag understundom så
och knäpper sakta på lutan:

Vad du är lycklig, du måne klara,
som får så högt över jorden fara
 och blott se på!

Väl ser du dårskaper utan tal
det kan man hålla för troligt:
båd´ älskande, som förgås av kval,
och älskande, som ha roligt.

Väl ser du tåren från ögat rinner
men sorgen aldrig upp till dig hinner
- det är för högt! [3]

III

Mormor flyttade flera gånger, varje gång till ett mindre boende. Hennes sista hem var ett rum och kokvrå i Vasastaden. Gasspisen var ansluten med gummislang till pollettautomaten. Klosetten vrålade när man drog i kedjan upp till vattenbehållaren högt under taket. Inget handfat. På toalettdörrens insida hade hon klistrat upp en lapp: "Gäster med hygieniska krav hänvisas till västra flygeln". Den var i tamburen – en smal, två meter lång gång med en kallvattenkran och zinkho.

Bredvid porten låg en lumpbod, den tidens secondhand-butik. Där köpte vi gramofonskivor, 78-varvare, med populärmusik. Jag har kvar en liten samling stenkakor med sånger om hjärta och smärta. Ibland lade hon in en stenkaka i kakelugnen. Inte för värmens skull utan för att den omvandlades till märkliga formationer när den sprack och smälte över de brinnande vedträden. Jag minns röklukten. Jag anar att vi i oförstånd eldade upp några av de titlar som jag senare, i övre tonåren, själv ropade in på Stockholms Stadsauktion.

Hennes sista jobb var som diskerska på ett kemilaboratorium. Därifrån tog hem tomma provrör i olika modeller, lackmuspapper, olika kemikalier i pulver och vätskeform, färgburkar m m. Jag har aldrig haft någon riktig kemilåda för barn men jag har haft allehanda kemikalier som jag fick blanda och mixtra med.

Jag minns särskilt de små natriumbitarna som vi lät fara runt i en skål med vatten. Släkte vi ljuset såg vi den blåvioletta lågan tydligt. Något liknande kom jag långt senare att känna igen i kemisalen på realskolan.

När hennes reumatism blev svår åkte vi spårvagn från Karlbergsvägen till Djurgården och taxi hem. Till Skansen hade vi med oss den grönblommiga filten och matsäck. På Gröna Lund satt hon mest på en soffa vid stora scenen. Jag fick en portmonnä med 5-, 10- och 25-öringar. Jag åkte ensam med de olika att-raktionerna.

I en liten kur med röd sammetsgardin fanns en spåkärring. Varje gång jag gick dit tog hon en 10-öring och tittade under tystnad i min vänstra handflata. Seden höll hon kvar min hand i sin och såg mig i ögonen:

-Du kommer att få en stor familj. Var alltid nyfiken. De kommer att gå bra för dig, min lilla vän.

IV

När mormor dog fanns bara sju möbler i enrummaren: den tunga järnsängen, min hopfällbara slaf, två stolar, en fåtölj, ett smalt linneskåp.

Dessutom det runda bordet med en stor stjärna i intarsia. Mormor hade berättat att det bordet hade min riktiga pappa gjort men det fick jag ju inte tala om för någon att jag visste.

V

Mamma, min styvfar och jag var där för att städa någon dag efter hennes död. Vi började med de få sängkläderna och plaggen i linneskåpet.

På nedersta hyllan hittade vi en tung plåtburk med en massa mynt men inga sedlar. Den fick jag.

Under skåpet låg min tunga leksaksprojektil med rostfritt nosparti i blankt stål. I nosen fanns två ringar med siffror som gick att justera i olika lägen. När jag rullade fram den ropade min mamma:

-Är du säker på att den där inte är farlig?

-Äsch den där är inte på riktigt!, svarade styvfadern med hög och myndig röst.

Den tunga pjäsen var repig, sliten och brunmålad. Jag har förstått att det var en övningsatrapp som använts i Försvarets vapenundervisning.

VI

I skåpet ovanför zinkhon i tamburen fanns alla mina kemika-

lieburkar, provrör och pappförpackningar:

-Töm det där i toaletten, sade mamma.

Till en början lade jag försiktigt ner några natriumbitar åt gången i toaletten. Jag drog i kedjan till vattenbehållaren i taket. Det rökte och fräste när bitarna gled runt i vattenlåset. Mamma var otålig och öppnade flera glasburkar åt gången och hällde ner allt innehåll i toaletten mellan spolningarna. Burkarna innehöll vätskor och pulver i olika färger, mest i gult och vitt.

Vi visste inte vad burkarna innehöll men toaletten vrålade och svalde varje gång vi spolade. Efter fem, sex spolningar var kemilagret tömt. I den lilla toalettskrubben stod röken tät. Ute i den lilla enrummaren svävade ett tunt vitt genomskinligt moln under taket.

-Titta vad dimmigt, sa mamma och fortsatte i uppsluppen ton, det här skulle mormor ha gillat.

Under tiden hade styvfadern redan brutit sönder linneskåpet och stolarna till kaffeved som skulle till grannens kakelugn. Fåtöljen och den tunga järnsängen var sålda och skulle hämtas samma kväll.

VII

Styvfadern lyfte upp det runda bordet med ljus och mörkbrun intarsia. Han vände upp och ned på bordet och ställde sig på bordsskivans undersida. Mamma och styvfadern stod tysta och tittade på varandra. Plötsligt stod arbetet stilla. Sådan tystnad kände jag igen. Den sortens tystnad gjorde mig nyfiken. Och jag visste att det var något som de höll hemligt för mig.

Strax tog styvfadern sats och sparkade av ett bordsben i taget. Ett kanade iväg långt ut på golvet. Mamma stod med ryggen mot mig och tittade på. Hon hämtade bordsbenet som kanat allra längst och lade det på vedhögen.

Jag undrar om det var de sista spåren som undanröjdes där och då. Och jag frågar mig om det var styvfaderns svartsjuka eller om det var mammas förträngningsmekanism mot en frivillig eller ofrivillig parningsakt som orsakade scenens dramaturgi.

VIII
Arbetet återupptogs. Mamma torkade i fönsterkarmen, då och då frågade de varandra om en pryl skulle sparas eller slängas.

Under de sista åren hade min mormor köpt en begagnad reseskrivmaskin av märket Apollo. Den använde jag ända fram till min första fasta skrivbordsdator.

16 Far- och morföräldrar

I

Min biologiske farfar har jag aldrig träffat. Han var spårvagnskonduktör och pensionerades som spårvagnsförare. I personalliggaren finns flera anmärkningar om brist i växelkassan och sena ankomster. Han dog när jag var 38 år. Jag har inte letat fram några uppgifter om min biologiska farmor.

II

Jag var sex år första gången jag träffade min morfar. Han överraskade mamma och mig med att ringa på dörren en förmiddag. Hon berättade genast vem han var:

-Uffe, det här är min pappa, din morfar!

Då hade min mormor och morfar varit skilda sedan min mamma var 16 år. Oss ovetandes hade han flyttat till vår stadsdel med sin nya familj för något år sedan.

Hans nya fru var 17 år yngre än han men hon dog 12 år före honom. Mamma skulle komma att hjälpa honom med det mesta under hans sista år.

III

Morfar var född i Verm i Skåne 1899, fadern okänd. Han gjorde i unga år en flicka med barn. Jag vet inte om han erkände det barnet före sin död. Han flyttade tidigt till Stockholm och började som stamanställd på Svea Livgarde. När han hade träffat min mormor slutade han där och började som konduktör på Stockholms Spårvägar. I hans personalliggare finns anmärkningar om brist i växelkassan och sena ankomster.

Han slutade som skiftsarbetare på Spårvägens ställverk i Brännkyrkadepån. I hans uppgifter ingick att sköta ljussignalen som stoppade all bil- och cykeltrafik när spårvagnarna skulle ut och in från hallarna.

När mamma och jag kom puttrande i familjens DKW (1939 års modell) på den tomma gatan längs språvagnshallarna slog min morfar alltid om till rött. Men det var nästa aldrig någon spårvagn som skulle korsa gatan. Där fick vi stå tills det kom en bil eller cyckel bakifrån. Då blev det grönt.

I den leken var vi alla införstådda. Mamma smet aldrig förbi ens när det lyste grönt-gult och ännu inte hunnit slå om till rött.

I min biologiske farfar och min morfar anar jag två arbetskamrater på en av Stockholms största arbetsplatser. Kanske blev de, i början på 1920-talet, ofrivilligt släkt med varandra när min mamma blev med barn.

IV
Min mormor föddes 1899 i Ljusdal. Hon skickades tidigt som piga till Uppsala, efter något år vidare till Stockholm.

Hon arbetade några år som spårvagnskonduktör. I personalliggaren har hon också en anmärkning. Hon hade tryckt på klarsignal för tidigt och spårvagnen kom i rullning medan en passagerare steg av. Senare, när hon fött min mamma, ville hon efter några år börja arbeta där igen. Enligt liggaren vägrades hon återanställning.

Hon nämnde aldrig med ett ord något om sina föräldrar. Hon nämnde bara sina syskon Greta och Sigrid och Erik.

V
Knappt fyra år gammal fick jag följa med henne till Ljusdal. Greta bodde på en bondgård med sin familj. Sigrid bodde ensam ovanpå sitt kafé vid järnvägsstationen. Där bodde mormor och jag några nätter.

Mormors bror Erik bodde i ett torp utanför Ljusdal. Av "mor-bror Erik", som hon kallade honom, fick jag ett fickur med kedja.

Han hade en stor svart schäfer. När jag råkade trampa ena framtassen, gläfste hunden mot mitt ansikte. Det luktade fränt från de stora käftarna. Det är mitt första luktminne.

"Morbror Erik" hade sitt gevär hängde på väggen ovanför utdragssoffan. Det var tungt. På lek fick jag sikta med det genom den öppna dörren.

Ett år senare gick "Morbror Erik" ut i skogen och sköt hunden och sig själv.

17 Gammelmorfar och gammelmormor

I

Strax innan pigan Margta från Hynbo utanför Gävle skulle föda reste hon till Medelplana vid Kinnekulle. Där födde hon den 10 augusti 1844 en oäkta son. Strax efter nedkomsten var hon hemma igen. Det var för den tiden två långa och dyra resor på kort tid för att föda på annan ort. Margta var mjölnardotter från gävletrakten. Hon var min mormors farmor.

Margtas son skrevs in i kyrkoboken med namnet Carl Walter. Prästen har angett fadern som okänd med en kort kommentar: "kringstrykande man från Norge".

I ett släktforskarforum har prästens notering orsakat muntra spekulationer om att "Kronkalle", Kung Carl XV, skulle vara Carl Walters far. Margta hade ju rest till Medelplana för att föda. Där var Carl XV ofta och jagade. Där fanns också ett kungligt jaktsällskap. Enligt den spekulationen skulle kungen lätt ha kunnat ordna plats för en diskret och trygg nedkomst just där.

Flera i släktforskarforat avfärdar dock kopplingen till Carl XV. Det gör jag också. Vore alla skrönor om den levnadsglada Carl XV sanna, vore halva svenska folket kungaättlingar.

II

Carl Walter, dömdes för stöld vid 16 års ålder och satt i fängelse, "första resan", i Uppsala. Under sitt sista levnadsår erkände han sex barn, däribland Sigrid, Greta, Erik och Ester.

Ester är min mormor från Ljusdal. Hon skilde sig 1938 och återtog då sitt flicknamn: Walter.

III

Här finns ett persongalleri till en brokig släktkrönika från de stora skogarna: En okänd men känd anfader, en fängelsekund som erkänner sex barn på dödsbädden, bastarder, en olycklig torpare som tar sitt liv, en ogift ungmö som öppnar eget konditori och en ung flicka – min mormor – som skickas som piga till Uppsala.

Samhällsomvandlingen med industrialism, järnvägsbyggen och tilltagande urbanisering var stora steg framåt mot det moderna Sverige. Uppdiktade eller verkliga anförvanter kunde i sin tids arbetstyngda tristess också uppleva hoppfulla förväntningar inför framtiden. Som alla andra, oavsett samhällsklass, överraskade de varandra med nöjen och njutning när tillfällen gavs. Det fick små och stora konsekvenser för allas våra liv.

IV
När min gammelmorfar Carl Walter föddes 1844 var ca 80 procent av befolkningen huvudsakligen sysselsatta inom jordbruket. Människor i hans generation kunde under sin livstid se hur den tekniska och sociala samhälletsutvecklingen började gjöra skillnad även för de sämt ställda.

Carl Walter föddes i ett Sverige där fattigvård och barnauktioner tog hand om samhällets allra mest utsatta. Han dog den 26 december 1927 och kom genom 1918 års fattigvårdslag att tas om hand i en reformerad verksamhet som inom varje kommunalförvaltning utgjorde ett fattigvårdssamhälle. Då förbjöds fattigvårdsauktioner och rotegång. Fattigstugorna blev i stället ålderdomshem.

V
Min mormor Ester Walter, som var född 1899, skulle kunnat ha glatt sig åt att hennes far slapp den gamla fattigvården. Men när hon själv låg på sin dödsbädd, i en etta med kokvrå i Stockholm, talade hon skräckfyllt om "fattigstugan". Hon dog efter några dagars vistelse på S:t Görans Sjukhus i blodcancer den 29 december 1959, 60 år gammal. Fattigstugan var då avskaffad sedan drygt 40 år men den var ännu ett skamfläckat hot för många i hennes genertion.

18 Meteorit

I

Stenen var rund och avlång med en valk runt midjan. Den hade sin hedersplats på den öppna spisen hemma hos min styvfaders farfar.

Farfadern var en skröplig gammal man som stödde sig på en enkel knölpåk. När vi hade ätit sa han åt oss att gå in i "saaal'n". Så hette villans största rum på den tiden. Vi, min mamma, styvfar, hans föräldrar, syskon och syskonbarn, spred ut oss i soffan och på stolarna,. Själv satte han sig i den ena länsstolen:

-Förr när jag hade min skog, berättade han, såg jag små vettar, alltid på samma ställe när jag gick ut på kvällarna.

-"Tomtar" viskade min mamma tvärs över rummet.

Han visade med handen hur de gungade sina lyktor när hästen var törstig eller om någon smög i skogen:

-Och de knackade på trappen när Folke – hans äldste son – var på väg hem från skogen. Då gick jag fram till fönstret och såg honom borta vid brynet. Alltid lika säkert.

Hans blick svepte iväg långt över mitt huvud.

II

Ett av hans barnbarn, min styvfar 29 år, ville inte tro på hans vettar. Men hans son, bruksarbetaren, min styvfarfar, slätade över:

-Det kanske inte är omöjligt. Jag tror på min far.

Hans svärdotter, min styvfarmor, berättade att hon också hörde varsel när hon var liten.

71

-Innan min far… Hon avbröt sig själv: -Han var klensmed, sköt hon in. Det framhöll hon alltid med en särskild förnäm betoning på ordet klensmed. Hon började om:

-Innan min far kom hem från smedjan hörde jag att han tog nyckeln av spiken. Nyckeln hängde alltid där. Dörren var aldrig låst. Men jag hörde ändå när han skrapade nyckeln mot spiken. Sedan kom han hem inom några minuter.

III

Den gamle mannen reste sig mödosamt med knölpåken som hävstång. Han sade åt min styvfar att ta ner stenen från spisen. Sedan tog han själv ett fast grepp om stenen och bar den under vänstra armen. Med den andra handen stötte han knölpåken hårt i golvet och nickade mot dörren. Vi skulle alla följa med ut på tomten.

Någon undslapp sig ett tungt andetag. En gammal tant suckade ljudligt. Den här föreställningen hade de varit med om förr. Men inte jag.

Han gick bort till staketet vid ena änden av trädgården. Där lyfte han den svarta stenen med båda händerna i en stor båge över sitt huvud. Vi barn skulle förstå hur den plötsligt kommit ned från himlen. Han tryckte ner den i jorden med sådan kraft att det droppade ur hans näsa.

-Så satt den. Den var alldeles varm.

IV

När vi alla stått tittat en stund tog han upp stenen igen.

Jag var den första som fick känna på hur tung den var. Han släppte den inte i mina händer. Den var alldeles för tung, jag hade inte kunnat hålla den själv.Sedan fick de andra barnen känna på stenen.

Även de vuxna skulle – var och en – känna hur tung den var. De vuxna lämnade snabbt och ointresserat stenen vidare mellan varandra. Slutligen tog han tillbaka stenen just innan turen kom till en liten tant bredvid mig. Hon skulle heller aldrig orkat hålla i den själv.

V

Min styvfar fick bära och ställa tillbaka stenen på den öppna spisen. Alla visste att de skulle sätta sig på sina platser igen. Den gamle mannen tog tag i mig. Medan han och alla andra satte sig skulle jag stå bredvid hans länsstol:

-Du ska lova mig och din far att alltid vara rädd om den . Det är en meteorit från himlen. Den ska finnas i vår släkt. Den slog ner på vår tomt.

För den gamle mannen var världen ännu förutsägbar. Han tillhörde ett klassamhälle med kärnfamiljer där alla hade sin plats i den sociala hackorningen. "Löskefolket" skulle man inte beblanda sig med. .

Sanningen var dock att min styvfars syster var ogift och hade en oäkta son (som sades vara min "kusin"), vars far ingen visste vem det var.

För min styvfaders farfar var jag – barnbarnsbarnet i Stockholm – en länk i hans långa släktkedja.

Antagligen behövde han aldrig få veta att hans barnbarn saknade blodsband till hans barnbarnsbarnen,. I skaran runt honom fick jag lova, att vårda stenen som slagit ner från himlen just på hans tomt.

FAKTA:
Ställdalsmeteoriten slog ned den 28 juni 1876. Meteoriten är av sten och består till största delen av olivin och pyroxen. Meteoritens vikt uppskattas till cirka 34 kg, det var den största stenen som påträffades. De flesta fynden förvaras idag på Naturhistoriska museet (Enheten för Mineralogi).

SPEKULATION:
Min styvfars farfar föddes 1866. Hans minnesbild av meteoriten kan vara hans egna bardomsminne. Men troligen är det en historia som berättades i hans föräldrahem. Meteoriten kan också ha ropats in på någon gårdsauktion och med tiden blivit en spännande del i hans familjehistoria.

19　"Lapparna" på Skansen

I

Vintern 2018 sände SVT/UR serien ´Samernas tid´ i tre delar som behandlar samernas historia, koloniseringen av Sveriges nordligaste delar, samisk mobilisering kring sekelskiftet 1900, rasbiologins era med "rasbestämning" och slutligen dagens politiska situation.

Ända fram på tidigt 1950-tal beboddes samevistet (då kallat "lapplägret") på Skansen korta tider under somrarna. En samefamilj utfodrade några renar, lagade sin mat över öppen eld i kåtan och fanns där i övrigt för skansenbesökarna att titta på.

II

Jag minns från 4-årsåldern (1948, samma år som en trådbuss körde ner i vattnet från Lilla Essingebron) att mormor och jag då ofta var på Skansen, ibland flera dagar i veckan, med saft, smörgås och den grönblommiga filten. Ibland gick vi den långa rundan ända upp till Skansens fäbodar. Där ville mormor klappa de små, vita fjällkorna. Då hörde det till att också gå och titta på "lapparna".

Att titta på djuren – bakom staket och gärdesgårdar eller fritt gående som gässen eller hästarna med sina skötare – var spännande. Mormor pratade alltid lugnt och vänligt med djuren så jag kunde komma riktigt nära. Ofta fick jag klappa och mata dem.

Hästens öga var varmt, stort och mörkt, pupillen svart och stor. Getens öga var kallt och gult, pupillen smal och vågrät. Geten såg alltid ut att vara lite ilsken. Hästens ögonfransar var svarta. Getens var vita. Getterna var varma på hjässan mellan hornen. Hästens mule kändes sträv när den tog en sockerbit ur min öppna hand.

Lapparna kunde man inte komma så nära inpå. De var inte bakom något staket. Men de satt en bit in från grusgångens kant på det nedtrampade gräset framför sin kåta.

III

År 1872 bildade Arthur Hazelius Nordiska museet. Det var samma institution som Skansen (från 1897) ända fram till 1963. Informationen om den s k levande fonden ("lapplägret" ända fram 1950-talet) är knapphändig på nätet. Men i häftet Fataburen från Skansens 25-årsjubileum finns texten:

"I redogörelsen för verksamheten under åren 1893-94 omtalas att en lappfamilj bebott lapplägret på Skansen där de skött och fodrat renarna samt "gäjsat", färdats med klöfjade renar - - En lappfamilj har sedan dess hvarje år kommit till Skansen och bebott den stora kåtan under somrarna. Då dessa lappar alltid gå klädda i sin hembygds dräkter, sköta renarna och för öfrigt bo och lefa som hemma hos sig, gifves härigenom en alltigenom en lefande bild af lapparnas förhållanden – just så som Hazelius ämnade det."

I texten, som är ett barn av sin tid, görs ingen tydlig åtskillnad mellan djur och samer som levande objekt att studera. I texten görs endast en vag nyansering: djuren på Skansen beskrivs som fångade bakom sina stängsel medan samerna och deras kåta utgör en s k levande fond.

IV

Jag står där och tittar. Håller mormor i handen. Några andra småbarnsfamiljer står också där. Även några vuxna. Jag minns att alla vi åskådare stod tysta. Inga "gulliga kommentarer" om livet vid kåtan, som vi stod och tittade på.

Det var en solig dag. Samekvinnan satt utanför kåtan på en stock med sina två barn i färggranna kläder. Hon virkade eller knypplade på något. Då och då tittade hon upp. Våra blickar möttes. Hon varken log eller nickade. Men vi såg varandra i ögonen några sekunder innan mormor ryckte mig i armen. Vi gick vidare.

V

Mormor bodde i ett rum och kokvrå. I rummet fanns en kakelugn. Tambur och kokvrå var kombinerat i en smal gång vid ytterdörren. Kallvatten och enkelfönster. Gasspisen hade gummislang till en pollettautomat på väggen. Vattenklosetten vrålade högt när man drog kedjan till vattenbehållaren högt uppe under taket.

På väggarna i toalettskrubben hade hon klistrat upp många färgglada bilder direkt på väggen. Norrsken. Vinterlandskap. Höbärgning mellan fjällen. Slingrande älvar. "Lappporträtt", "lappar" i grupp, "lappkåtor" och "lappars" renar. Benämningen same fanns inte i mormors vokabulär.

Hon talade alltid om Norrland utan närmare precisering. Hon var från Ljusdal. Det var inte så långt norr ut som det lät och som jag då trodde.

Min mormor bodde då bekvämare i sin omoderna etta än hon gjort som liten i Ljusdal. Jag får aldrig veta med vilka mentala mått hon mätte avståndet mellan oss på grusgången och samerna vid kåtan som vi begapade på Skansens "levande fond".

VI

Förra sommaren var jag på Skansen. Numera är gamla apberget borta. Istället finns ett fint utrymme med många glada, lekande och klättrande lemurer. Som besökare får man gå in bland dem. Därifrån kan man "titta ut" på publiken. Jag stod i hägnet när det kom en skolklass och ställde sig utanför. Jag vände mig hukande mot skolklassen och gick lite apaktigt framåt. Barnen skrattade och lärarinnan pekade skämtsamt på mitt uppträdande. Vi visste alla att det var en lek.

VII

Idag skulle den unga lärarinnan och skolklassen aldrig acceptera att man begapar och pekar på en samemamma med sina två barn. Min mormor och jag skrattade och pekade inte - men vi glodde på "lapparna". Min mormor sade inget. Hon ryckte mig i armen gått vidare.

VIII

Om min mormor i sitt inre jämförde "denna levande fond" med samebilderna som hon hadde hemma på toalettväggarna vet jag inte. Sedan 1899, då hon föddes och 1950, då samevistet beboddes, hade utvecklingen gått vidare. Idag talar vi om ursprungsbefolkning, kulturarv, migration och integration mer öppet – om än trevande inom politikens trånga och opportunistiska åsiktskorridorer.

Garantin för fortsatt demokratisk och rättssäker utveckling heter bildning, medvetenhet och politiska engagemang.

Ansvaret för framtiden har vi alla och över generationsgränserna åt båda hållen.

20 "The Cockney Amorist"

I

Med en inbjudan till en temamiddag fick vi gäster i uppdrag att analysera eller kommentera varsin dikt av John Betjeman. Helst med personlig knorr. På min lott föll "The Cockney Amorist".

Oh when my love, my darling,
You've left me here alone,
I'll walk the streets of London
Which once seemed all our own.

The vast suburban churches
Together we have found:
The ones which smelt of gaslight
The ones in incense drown'd;
I'll use them now for praying in
And not for looking round.

No more the Hackney Empire
Shall find us in its stalls
When on the limelit crooner
The thankful curtain falls,
And soft electric lamplight
Reveals the gilded walls.

I will not go to Finsbury Park
The putting course to see
Nor cross the crowded High Road
To Williamsons' to tea,
For these and all the other things
Were part of you and me.

I love you, oh my darling,
And what I can't make out
Is why since you have left me
I'm somehow still about.

II

Texten väckte mina minnen från min första förälskelse i 60-talets Stockholm. Då gällde ungdomlig längtan och trängtan, ungdomliga storstadsmanér med sena promenader på regnvåta trottoarer. I vår fantasi levde vi som i de svartvita franska-nyavågen-filmerna utan slut. I tyst samförstånd iscensatte vi våra konditoribesök med den timslång samvaro som (bara) finns på franska kaféer.

Jag ville i en fri tolkning av "The Cockney Amorist" beskriva min ungdoms fantasivärld som vi upplevde så starkt att den blev vår verklighet.

Strofen om att be i kyrkorna var knepig att ta sig an.

Trots min ungdomligt sekulära rationalitet, som jag då kämpade med, var jag ännu osäker. Då lämnade jag ännu konfirmationsundervisningens dörr på glänt.

III

Det skulle dröja många år till innan jag upptäckte, förstod och tog till mig Schopenhauers momentana intermezzo. Men med den trygga grunden på plats i sinnet, var det en glädje att som vuxen kunna sätta ord på livets första kärleksrus:

"Cityförälskelse"

Min kära, min älskade
när du lämnade mig här helt ensam
får jag gå vidare på de stockholmsgator
som en gång tycktes bara vara våra

De stora förortskyrkorna
upptäckte vi tillsammans
I de fanns en doft av stearinljus
översköljd av lukten från gamla ytterkläder
Jag hade använt dem att be i
Men med din hand i min hand, tittar jag bara
    storögt runt

Östermalmshallen
ska inte längre omfamna oss med alla sina stånd
alltmedan vi nynnar på öronplågan för dagen
Idag faller min tacksamhets skymning sakta
medan de designade elljusen
uppenbarar de förgyllda väggarna

Jag kommer inte längre att gå till Lill Jans skogen
för att strosa runt
Jag kommer inte heller gå över den bullrande
    Valhallavägen
för att dricka te på Evas konditori
För allt det där - och mycket annat
var en del av dig och mig

Jag älskar dig så min kära
Men en sak kan jag inte lista ut
Allt sedan du lämnade mig
är jag på något sätt hos dig.

21 Flygbladsgud på Klarabergsgatan

I

Tillfälligheter ochepisoder kan bli till starka ögonblicksminnen. Somligt blir till stillbilder, annat blir kvar som filmklipp. Mellan ögonblicksminnena associerar hjärnhalvorna framåt och bakåt i tiden. Det blir till fantasier som återväcker minnen av stort och smått i det verkliga livet.

Konturerna är oskarpa: vilka minnen är sanna, vad är minnen från ungdomsfantasier, vad är dagdrömmar här och nu?

Vårt liv påverkas av, och påverkar, andra individers liv, ibland bara för en sekund. I andra fall för resten av livet.

Mitt minne är (över)fyllt med detaljerade skeenden. På gott och ont. Detaljerna bara finns där. De vill jag inte vara utan.

II

Vi har fått ögonkontakt.
Hon spana´ in mig på 20 meters håll.
Jag ser lättnad i hennes blick.

Nu vet hon att jag tänker ta fatt i hennes flygblad.
Jag övervann just min tvekan.
Hon övervann sin - för länge, länge se´n.
Hon möter mig.
"Du och Gud", står det på flygbladet.
Jag tänker: "du och jag".

Har det hänt nå´t?
I andra handen har hon en bunt med flygblad.
Hur länge ska hon stå så orörlig?

Försiktigt skjuter hon fram nästa papperslapp
– hon vill inte vika fula hundöron på det flygblad som
  jag snart ska få.

Tänk om det är någon bakom mig som ska få just det
  flygbladet.
Jag är redan svartsjuk.

Hon tar flygbladet så försiktigt mellan sina smala,
  vackra, långa fingrar.
På papperet blir inte minsta skrynkla.

Hennes naglar har diskret manikyr.
Genomskinligt nagellack.
Smala fingrar utan smycken.
Smal handled.

Strålbenets runda kula vid hennes smala handled
syns under hennes hud
Det hetsar upp mig.

Är hon omedveten om det?
Det spelar ingen roll vilket. – Jag njuter.
Hon är så söt, så vag, så mjuk i sin försynta
framtoning.

Flygbladet är till mig.
Överlämnandet sker under tystnad.
Det var liksom överenskommet.
Ett ömsesidigt leende.
För andra helt omärkligt.

Jag håller hennes flygblad i min hand.
"Du och Gud", står det på lappen med tydlig text.
Fast det såg jag ju redan från början.

50 meter längre bort svänger jag runt husknuten in på
Sveavägen.

Kan inte låta bli att titta bakåt.
Jag skymtar henne i ögonvrån.
Hon delar ut nästa flygblad – hon har redan glömt mig.

Att ha kommit till ro;
att minnas sin ungdom;
att ha funnit sin trygghet;
att minnas utan att sakna det jag minns;
att bara minnas;
att tolka dyrköpta erfarenheter;
att uppleva passionens dolda dimensioner;
att bara få känna så;
att acceptera;att möta en flickas själ och hennes gud
    på en papperslapp 10,5 x 15,0 cm;
att med viss ansträngning detta förnimma:

Det är kanske ett livets under?

22 1:a vigselakten

I

Under ungdomsförälskelsens bekymmerlösa vardag hade vi aldrig diskuterat igenom bröllopets alla "om, var, när och hur". Min fästmö som hade stått i den kommunala bostadskön, den enda som fanns på den tiden, hade erbjudits lägenhet. Eller "blivit med lägenhet" som man sade. Uttrycket speglade de ungas beslutssituation mer än jag då insåg.

Vi hade helt enkelt sagt ja på en gång. Svärföräldrarna in spe hade gått "all in".

II

I bröllopsförberedelserna ingick att jag skulle gå till församlingsprästen och formellt ta ut lysning. Han var också min konfirmationspräst och en av mina första vuxna bekanta utanför familjen.

-Född Kjellberg, sedan Nilsson och nu Lönnberg. Du har haft många efternamn, sa han skämtsamt.

Jag svarade att jag visste att "pappa" inte var min biologiske far och att det var någonting som vi aldrig talade om. Jag sade också att jag inte visste vem som var min riktiga pappa.

Han bad om ursäkt:

-Jag trodde du visste...

Dessa faktauppgifter kände alltså han och min svärfar in spe, fritidskantorn, väl till. Men genom åren hade mina blivande svärföräldrar aldrig sagt ett ord om detta. De hade heller aldrig ställt några frågor om min familj och släkt. Det var uppenbarligen en pinsam icke-fråga för dem, prescis som för mina föräldrar och alla andra konvenanshämmade människor på den tiden.

Men då och där var det inget jag tänkte närmare på. Idag, nu i efterhand, förstår jag att svärföräldrarna in spe och med den vetskapen och med den tidens normer, måste ha gjort någon slags riskbedömning inför dotterns äktenskap med mig.

Min familjebakgrund var och förblev mina föräldrars, svärföräldrarnas och hela omgivningens tabu. Den sortens samtal skulle alla slippa.

III

Min fästmö och jag vigdes i Brännkyrka kyrka enligt 1942 års kyrkohandbok som då gällde.

FAKTA:
Kyrkohandbboken stipulerar att "ett kyrkligt och värdigt värdigt musikstycke kunna spelas" medan brud och brudgrum går fram till altarringen. Sålunda fick Mendelsohns bröllopsmarsch dåna i den lilla kyrkan när när vi gick altargången fram.

I den långa förmaningen sägs bl a

"Äktenskapet är av Gud instiftat, till samhällets bestånd och till förenade makars inbördes hjälp, att lätta livets mödor, mildra mötande bekymmer och genom en sorgfällig uppfostran bereda efterkommandes välfärd. - - - Därför ligger det makt uppå, att de av hjärtat bedja Gud om nåd att begynna och fortsätta äktenskapet efter hans vilja. Då främjas genom denna förening den högsta lycka på jorden."

Före vigseln hade prästen gått igenom hela ceremonien med oss. Vi fick veta hur vi skulle gå, stå och vända oss. Den mesta tiden ägande vi dock åt textens innehåll. Vi hade diskuterat hur akten skulle tolkas och vad den skulle komma att kräva av oss nu och i framtiden. Då blev jag mycket medveten om vid vilken punkt i livet vi – och jag själv - nu befann oss.

Under vigseln lyssnade jag noga på aktens texter. Då och där var känslan av högtid och allvar påtaglig.

Skulle kyrkohandbokens vigselakt sjunka in eller glida mig förbi? Skulle texten bli vägledande för mig och min fru under resten av våra liv?

Inför de frågorna kom jag aldrig att fullt ut rannsaka mig själv.

IV

Efter bröllopsfest med tal och dans åkte vi nyvigda till Grand Hotell. Vi reste på bröllopsresa till Gävle och brudens släkt. Två dagar senare fortsatte vi vår resa med tåg norr ut, runt Bottenviken till Helsingfors och åter till Stockholm med båt. Allt kändes spännande.

Äktenskapet varade i tre år.

23 2:avigselakten

I

Att vi skulle gifta oss var vårt gemensamma beslut. Det är också ett av mina få stora beslut i livet, som jag fattat självständigt utan att känna mig styrd av konventioner och omgivningens förväntningar. Att vi skulle gifta oss borgerligt var självklart.

II

Att "gifta sig borgerligt" avser att ingå borgerligt äktenskap genom statlig eller kommunal vigselförrättning. Den möjligheten infördes i Sverige 1863, under förutsättning att endera partnern var av judisk trostillhörighet. År 1908 infördes en allmän möjlighet till borgerlig vigsel. Innan de frikyrkliga samfundens pastorer 1951 fick vigselrätt i Sverige utnyttjade många av dessas medlemmar rätten till borgerlig vigsel för att få äktenskapet lagligt registrerat; därefter genomfördes ytterligare en vigselakt utan rättsverkan i samfundets regi, så som ordningen är i flera europeiska länder.

III

Vi hade att välja mellan den långa versionen (c:a 180 sekunder) och den kortare (c:a 75 sekunder). Den långa versionen är skriven av Per Anders Fogelström (1917-1988).

-Ta den långa versionen. Annars går det för fort, sade Berit.

FAKTA:
Vigselakten har rättsverkan – den är juridiskt bindande. Den längre versionen för borgerlig vigselförrättning i Stockholm lyder:

Ni vill ingå äktenskap med varandra. Äktenskapet bygger på kärlek och tillit. Genom att ingå äktenskap lovar ni att respektera och stötta varandra. Som makar är ni två självständiga individer som kan hämta styrka ur er gemenskap. Eftersom ni

*har förklarat att ni vill ingå äktenskap med varandra, frågar
jag:*
*Vill du N.N. ta denna/denne N.N. till din hustru/man att älska
henne/honom i nöd och lust?*
(Svar: Ja.)
*Vill du N.N. ta denna/denne N.N. till din hustru/man att älska
henne/honom i nöd och lust?*
(Svar: Ja.)
(Paret kan växla ringar.)
Jag förklarar er nu för äkta makar.
*När ni nu går ut i livet och åter till vardagen så minns den vil-
ja till gemenskap, den kärlek till varandra och den aktning för
varandra som ni känt i denna stund och som lett er hit.*

Den kortarae versionen lyder:
Ni har förklarat att ni vill ingå äktenskap med varandra.
Vill du N.N. ta denna/denne N.N. till din hustru/ man
(Svar: Ja.)
Vill du N.N. ta denna/denne N.N. till din hustru/man?
(Svar: Ja.)
Jag förklarar er nu för äkta makar.

IV
År 1962 gifte Edith Piaf sig med den grekiske frisören Theo-
phanis Lamboukas. Han var 27 år yngre och de sjöng tillsam-
mans under Edith Piafs sista framträdanden.

Frankrikes sekularism – laïcité – hade präglat landet i mer än
hundra år. Regler och traditioner för vigselakten och äktenska-
pets juridik var väl befästa. Eftersom hon var katolik och han
tillhörde den grekisk-ortodoxa kyrkan genomförde paret "tre
vigslar" på sin bröllopsdag:
1)	civilrättsligt i rådhuset
2)	en religiös tradition i en katolsk katedral och
3)	en religiös tradition i en grekisk-ortodox kyrka.

FAKTA
*Att ärkebiskopen i Paris vägrade Edith Piaf en religiös cere-
moni vid hennes begravning, säger mer om kyrkans och reli-*

gionens oförutsägbara (eller förutsägbara?) agerande än om människors religiösa längtan, där den finns. Mer än 100 000 parisare svarade med att gå ut på gatorna för att hylla Edith Piaf. Enligt nyhetsmedia orsakade det totalstopp i trafiken för första gången efter krigsslutet 1945.

V

Motsvarande system borde snarast införas i Sverige. Staten ska endast ansvara för civilrättslig vigselordning och medborgarna ska vara fira att ordna med en egen ceremoni efter tycke och smak.

Kyrkomötet lär ha varit på väg att fatta ett sådant beslut men det stoppades av socialdemokraterna – som förstår att nyttja olika maktbaser för sina syften.

I och med en sådan reform, anser jag, att staten också ska återkalla den vigselrätt som ett 40-tal religiösa samfund beviljats.

Kristdemokraterna är det enda parti idag som vill att staten endast ska ansvara för en civilrättslig vigselordning och därmed låta samfund och andra aktörer sköta övriga ceremonier i samarbete de berörda partnerna så som de eventuellt önskar.

24   40-årsdagen

I

Före lunch fick jag min första jacketkrona. Jag frågade den äldre, kvinnliga tandläkaren vad hon visste om mäns och kvinnors 40-årskriser.

-Det märker du själv, annars har du ingen kris, sa hon med en snabb blinkning.

För en sekund såg jag en ung, levnadsglad kvinna framför mig. Inbillning eller verklighet? Vi nickade hej då åt varandra. Vid tiden för nästa års tandläkarbesök hade hon slutat.

Då, på min 40-årsdag, var mitt nutidsperspektiv ännu ganska snävt. När en person, som var mycket äldre än jag, talade om en händelse som vi båda mindes, sa den äldre, helt korrekt, att det hade hänt för bara tre, fyra år sedan. I mitt minne låg samma händelse längre bak i tiden. Vid fyllda 40 visste jag ännu inte hur fort åren skulle gå, när jag fyllt 60.

Det skulle ta ännu några år innan jag ruckade min minnesklocka.

II

Vid 17-tiden, samma dag, kom jag att stå bakom en, i mina ögon, salongsberusad man i Systembolagets kassakö. Den unga, övermodiga(?) kassörskan gjorde en annan bedömning. Hon vägrade att expediera honom.

-Men snälla du, sa mannen lugnt och tyst, jag är snart 67 och kan nog bedöma den saken själv.

Han vände sig om mot mig som stod bakom, mötte min blick, skakade knappt synbart på huvudet och gick ut. Idag är jag äldre än vad han var då. Men i mina ögan var han redan då en mycket gammal man.

III

Samma kväll var jag med jämnåriga vänner på kvarterskrogen. Vi siade om framtidens politik och våra personliga vägval. Då hade vi ingen aning om att gemensamt bakåtblickande – kanske redan i 60-års åldern – skulle engagera oss mer än att blicka framåt. Då vid 40 år, var vi övertygade om att vi ännu var i början av våra karriärer och att vi skulle göra avtryck i samhällsutvecklingen

25 60-årsdagen

I

Det var bara veckor efter tsunamikatastrofen i Thailand julen 2004. I inbjudan anmanade jag gästerna att komma utan presenter och istället stödja någon av de etablerade hjälporganisationerna. Tanken var att umgås en stund på "öppet hus" mellan 17.00 och 20.00 på Sergel Plaza. Till kl 18.30 hade jag bjudit in en språkvårdsforskare som berättade om sin nyutkomna bok. Det blev en trevlig samvaro med vänner, kolleger och föreningskamrater som jag mött genom åren.

II

En vecka efter födelsedagen, talade jag om pensionärspolitik på ett föreningsmöte i Täby. Efter mig talade en hälsocoach. Hon visade oss några övningar:

-Res på er, stå rak i ryggen med armarna utefter sidorna, blunda och stå stilla på ett ben – helst mer än 30 sekunder.

"Löjligt", tänkte jag. Men fortare än jag anat, var jag tvungen att justera balansen och att ta stöd med höger hand på ryggstödet framför mig.

Utan att ha förstått det, var jag nu så gammal att det blivit svårare att stå på ett ben nu än det var när vi tävlade om det på skolgården.

Årena går.

26 70-årsdagen

I

Jag blev varmt uppvaktad med många överraskningar av mina närmaste. Det blev en heldag i Stockholm. Min fru och jag hämtades i Kungsträdgården kl 12.00.

Båttur under Stockholms broar och längs kajerna med alla nya bostadsområden sedan 80-talet. Att se den varierande och nya arkitekturen från sjösidan var för mig en verklig (och nödvändig) uppdatering. Att Stockholm hade vuxit snabbt visste jag. Men på de detaljerna i den snabba förändringarna från 80-talet och framåt hade jag förvånansvärt dålig koll.

Jag insåg att "bara gå runt på mammas gator", inte är tillräckligt för att få uppleva mitt nya Stockholm. Det gjorde båtturen extra minnesvärd. När jag var fem år 1950 hade Stockholm 774 000 invånare, år 2022 förväntas staden få sin miljonte invånare.

Ju äldre jag blir, desto anlägnare blir det att minnas det som var min barndomsstad. Samtidigt eggar den nya staden min nyfikenhet på framtiden. Ju äldre jag blir, desto angelägnare blir det också att umgås i den nära kretsen. Det eggar mitt engagemang för barnbarnsgenerationens framtid.

Därefter gjorde vi Fotografiska som visade Adi Nes, Narrativs och avslutade med sen middag.

Följande veckolsut festade vi med våra närmaste i Karlstad med besök på stadens mest profilerade restarang.

Att få fira sin 70-årsdag så personligt och generöst, i flera dagar med de allra närmaste, gjorde den dagen till ett tydligt paradigmskifte mellan att vara i "övre-övre medelåldern" och att ha "blivit äldre".

27 De´ e´ modääärnt

I

-De´ e´ modääärnt, sa mormor när hon hade sett, köpt eller gjort något nytt.

Det gällde kläder, köpa den nya specialde-signade Coca-Colaflaskan (som kom till Sverige 1953) eller att åka med den enda spårvagnen som hade ingången fram. Det var en italiensk modell som kördes på prov i Stockholm. Hon ville aldrig missa något nytt. Hon fönstershoppade kläder, plastprylar och möbler. Hade hon haft råd hade de ´modääärna´ alltid varit hennes förstahandsval.

Trender kommer alltid först i storstäderna. Det var något som hon – som kommit från Hälsingland på 1910-talet – fann intressant och belevat att anamma. Men hennes syskon som kom på besök från Ljusdal imponerades inte av hennes "storstadsmanér". Jag minns deras menande blickar bakom hennes rygg.

Vi väljer mer eller mindre medvetet vilka trender vi följer. Många hänger på direkt medan andra avvaktar eller obstruerar, åtminstone under en kortare tid.

II

Samtidigt krävde hon att barn alltid skulle hälsa artigt. Att – alltid – bocka och ta vuxna i hand lärde jag mig före skolåldern. Det gjorde mig lillgammal i många vuxnas ögon. Min vana att skaka hand, i nästan alla sammanhang, sitter fortfarande i.

Hon var politiskt ointresserad och t o m omedveten, tror jag. Men hon stämde (opportunt?) in i klagosången när Sveriges då enda kvinnliga statsråd Ulla Lindström, i juni 1956, vägrade att göra hovnigning inför drottning Elizabeth II. Då fick hon mothugg av de arbetande kafferepstanterna.

III

Strax innan jag fyllde 70 år ökade det sociala trycket på att a-
namma mer nymodiga sätt att hälsa. Dittills hade den traditio-
nella handhälsningen fungerat och varit mitt självklara alterna-
tiv. Men de yngre hade då börjat kramas när de hälsade på kän-
da och okända. De unga verkade t.o.m. känna sig obekväma
med min traditionella handskakning.

I andra halvan av 80-talet kom en Sifo-undersökning som vi-
sade att 53 procent av storstadsborna redan hälsade på varandra
med en kram medan bara 35 procent av landsortsborna gjorde
det. För mig kändes det fortfarande besvärande att kramas, ä-
ven när jag hälsade på dem som jag kände väldigt väl.

Allt oftare uppstod förvirring när jag träffade unga vuxna. De-
ras halvt uppsträckta armar och min utsträckta högerhand tre-
vade runt i luften någon sekund innan vi lyckades synkronisera
hälsningen.

Idag talar vi mindre om ´det modääärna´ och mer om vad som
är "inne" eller "ute".

Visst, vi äldre ska välkomna det nya och närmare sättet att häl-
sa på varandra. Vi ska anamma förenklingar och större öppen-
het i umgänget. Samtidigt ska vi, yngre och äldre, alltid upp-
rätthålla respekt för varandras olika vanor över generations-
gränserna. Dessutom ska vi äldre våga vägleda, råda och tillrät-
tavisa i situationer då de sociala koderna är till hjälp och nytta i
vardagen. Det är modernitet i dess bästa betydelse.

IV

Något år efter Sifo-undersökningen om ungas hälsningsvanor
kom nya mätningar som visade på nya trender. För tjejer i hög-
stadie- och gymnasieskolorna i Stockholm blev kindpussen ett
vanligt sätt hälsa. Killarna hälsade på varandra med en ljudlig
klatsch med öppna handflator.

Det är överkurs för mig. Jag håller fast vid den traditionella handhälsningen (...och jag fortsätter att öppna dörren för gamla och unga damer).

Vid en julmiddag, när detta kom på tal, lovade jag mina unga vuxna baranbarn att börja hälsa på dem med en riktiga kramar. Det blev jag bekväm med fortare än jag kunnat ana.

V

Idag har kravet på hur man tar i hand, eller inte tar i hand, blivit både en traditionsindikator och en handling som kan prövas rätts-ligt (Handsskakningsddomen A 46/17, nr 51/18). Arbets-givare kan numera fällas i arbetsdomstolen om de avbryter en an-ställningsintervju om den arbetssökande vägrar handhälsa.

Det ska finnas plats för olika trender, moderniteter och etab-lerade sociala sedvänjor. Ömsesig förståelse för rådande socia-la koder främjas varken på kort eller lång sikt av självsäkra pa-ragrafryttare.

Personer som väljer att juridiskt driva särskilda hälsningsnomer för att slippa skaka hand, spär på den politiska polariseringen. Det är att försvåra integrationen. Det är inte modärnt.

28 Spiralen

I

Fram till 1938 var det straffbelagt att sprida bruk eller känne-
dom om preventivmedel bland allmänheten. Därefter blev det
lagligt att använda, upplysa om och sälja preventivmedel med
vissa restriktioner.

Själv hade jag gjort mitt första besök i en s k sjukvårdsbutik
1961, 16 år gammal. Nervös hade jag gått in i butiken. Allt ha-
de avlöpt lugnt, artigt och allvarsamt. När jag hade betalat ville
jag ha den avlånga kondomkartongen i omslagspapper.

Den paranta damen på andra sidan disken sade, utan att genera
mig eller möta min blick, att det ligger en liten bruksanvisning
i kartongen.

-Nej, jag menar en påse....

Hon drog nästan omärkligt på munnen, såg mig i ögonen, böjde
sig för att ta fram en påse under disken. Hennes ljusblåa rock
lämnade en lagom anständig glipa runt hennes hals. Jag såg
hennes smala nyckelben och kunde ana hennes saltkar. Jag
inbillade mig att hon dröjde lite extra innan hon drog fram
påsen under disken.

Jag tog påsen och tackade. Hon lade huvudet lite på sned och
knyckte lätt med ena axeln:

-Tack-så-mycket-tack-så-mycket-tickeli-tack!.

Jag fick en känsla av hon önskade mig lycka till...

II

Under första hälften av 1970-talet arbetade jag som säljare på
ett danskt läkemedelsföretag som marknadsförde madrasser
mot liggsår.

102

Produkten var helt ny och min uppgift var att få någon klinik i Stockholm att testa den systematiskt och dokumentera resultatet under minst sex månader. Samtidigt skulle sälja den till vårdhem i Sverige norr om en linje genom Jönköping och i de svensktalande delarna i Finland.

Efter ett år utökades sortimentet med en av företaget framtagen ny modell av preventivspiral. Den s k Romben. Den skulle lanseras bland gynekologer i samma upptagningsområde som madrasserna.

III
Gynekologen avbröt mig tvärt:

-Unge man, ni har inte aning om hur det ingreppet känns för en kvinna.

Jag hade fört in den långa mässingskroken i livmoderattrappen av genomskinlig hårdplast för att avlägsna preventivspiralen. Förutsättning var att nylontråden som skulle sticka ut en bit ner i slidan hade gått av. Det var lätt att få kroken att fästa i spiralen och jag drog med den kraft som krävdes för att få ut den.

Grundutbildningen om preventivspiralen var på fyra dagar hos företaget i Köpenhamn. Vi fick föreläsningar och göra handhavandeövningar för insättning och uttagning av spiralen. Vi var fyra säljare. Specialister hyrdes in som lärare och vi gjorde studiebesök ute på klinikerna.

Mellan föreläsningarna och studiebesöken bjöd företaget konsulter, lärare och elever på smörrebröd, öl och "den lille". Det var mina första möten med alkohol på arbetstid.

IV
Vi fick också en kort historisk exposé. Bl a om att gamla tiders karavanförare satte in en persikokärna i kamelkons livmoder för att undvika befruktning inför de långa traderna. Metoderna har varit många för att undvika oönskat havandeskap både hos djur och människor.

Jag kunde berätta att August Strindberg i ett brev 1877 hade sitt enkelt preventivmedelsråd till sin vän målaren Carl Larsson: "Glöm inte att lägga något emellan."

V

Strax efter min egen kondomdebut hade spiralerna och p-pillren kommit ut. Därmed befriades de unga generationerna från den ångestladdade rädslan "att bli med barn". Själv höll jag fast vid mitt beslut att förbli frivilligt barnlös med de förutsättningar som erbjöds fram till min prostataoperation.

29   En religion blev till

I

Han var en brådmogen pojke. Han blev en stridbar yngling som ifrågasatte hur de lärde tolkade och efterlevde Mose´s lagar. Hans judiska föräldrar var inte fattiga men levde heller inte i överflöd. Hans far var timmerman. Som traditionen bjöd gick han, vid sidan om yrkesutbildningen hos fadern, i lära hos prästerskapet.

Som barn tog han för givet att alla skulle leva efter Mose´s lagar. I tonårstrots tillrättavisade han de lärde när de bröt mot de normer som de själva förmedlade från sina urkunder.

Med föräldrarnas goda minne ägnade han allt mindre tid åt yrkesutbildningen. Några bland de lärde uppmuntrade hans kunskapstörst och välkomnade hans utmanande krav på prästerskapet att leva som de lärde.

Med retoriska utförsgåvor och pedagogisk ådra tillgängliggjorde han religionens uppfordrande budskap med vardagsnära liknelser. Han väckte nyfikenhet och beundran utanför de lärdes trånga kretsar.

II

I det välorganiserade Romarriket höll statsmakten kontroll på politiska aktörer, upprorsmakare och udda existenser som spåmän, schamaner, trollkarlar m fl. Det starka prästerskapet hölls också under uppsikt. Men i Romarriket tillät man samtidigt andra gudar så länge undersåtarna dyrkade eller accepterade de romerska gudarna. Allt för att upprätthålla statens stabilitet.

Han bibehöll sitt fokus på urkundernas påbud och prästerskapets avvikande tillämpning. När han fått allt större gehör vidgade han sitt budskap, till en för hela folkets angelägenhet, att på ett personligt plan tolka och tillämpa urkunderna utifrån sina personliga vägval med eget ansvarstagande inför den enda guden.

Han lyfte därmed in moraliska normer och etiska ideal, som han illustrerade med vardagsnära allegorier. I detta skede fyllde han – så även hans efterföljare – på med löften om icke materiella belöningar som förlåtelse för världsliga brott och religiösa försyndelser. Men för den förlåtelsen, livet på jorden och ett evigt liv efter döden – nåden –, krävde han individens underkastelse av och tillbedjan till guden. I praktisk handling krävdes alla på efterlevnad av de tio budord som urkunderna beskrev som gudens lagar till människorna.

Till detta fogades också en ny princip: alla människor var lika och jämlika inför en gud: Inte inför flera gudar med olika maktsfärer för olika ändamål med olika utfall beroende på individens klasstillhörighet, vilket gällde inför Romarrikets gudar.

III
Före 30 år fyllda var han en regional moralisk-religiös ledargestalt med egna lärlingar. Han förebrådde religiösa och statliga befattningshavare liksom giriga affärsmän som – regelrätt eller regelvidrigt – skodde sig på samhället och de fattiga. Det skapade oro och irritation inom prästerskapet som beklagade sig inför myndigheterna.

Omsider togs han till fånga av ordningsmakten. Ståthållaren fann dock inte tillräcklig grund för att döma honom för uppvigling. Under rådande opinionstryck lät ståthållaren istället folket välja mellan att frige honom eller en annan fånge. Därmed blev hans dödsdom ett faktum.

IV
Strax före och efter hans död påtog sig hans anhängare uppgiften att föra hans budskap vidare. Tre dagar efter hans död vittnade personer om att de sett/visste att han uppstått från de döda. På hans budskap och levnadsregler byggde hans anhängare vidare med de vittnesberättleser om de underverk som

han påstods utfört under sitt jordeliv. Så uppstod en religion, som många var beredda att gå i döden för.

V

De troende lyckades på bred front och under kort tid nå ut över vidsträckta områden.

En praktisk och viktig faktor var Romarrikets logistiska infrastruktur. Transporter och kommunikationer fungerade väl. Fria män fick göra resor i riket. Stråtrövare kunde i viss mån hållas borta. Där fanns en acceptans för olika lokala ledare så länge de inordnade sig under den Romerska staten. Förutsättningarna för målinriktad informationsförmedling och effektiv myndighetsutövning var under denna epok exceptionella.

Oppositionen mot gamla, stränga och kvävande läror väckte folket. Hänförelse inför det omöjliga och villkorade löftet om evigt liv för moraliskt rättrogna födde framtidstro. Berättelser om den starke ledares liv och gärning färdades genom tid och rum. Han och hans lärljungars livsåskådning delades och hyllades av allt fler. Anhängarna mångdubblades på kort tid. De ville i sin tur sprida budskapet vidare för den goda sakens skull eller för egna syften.

Människor har i alla tider sammankopplat karismatiska ledare med spektakulära episoder och märkliga händelser.

VI

I hans namn talade anhängarna i opposition mot prästerskapets tolkning och tillämpning av urkunderna. Exempelvis tilläts ett friare intag av olika slags mat och kravet på omskärelse av pojkar övergavs. Människorna erbjöds en lättversion av den gamla tron.

Människor i förskingringen som tillhörde samma etniska grupp som det gamla prästerskapet, välkomnade de nya tolkningarna. Vissa av dem hade t o m lämnat sin hembygd på grund av prästerskapets tunga tvång. Samma moraliska krav på efterlevnad av de religiösa reglerna för alla – oavsett klasstillhörighet – anammades i vida kretsar.

Så etablerades kristendomen, den största världsreligionen med 2,4 miljarder anhängare följd av islam med 1,7 miljarder, hinduismen med 1,1 miljarder, buddhismen med 324 miljoner, sikhismens 24 miljoner och judendomen med 15 miljoner anhängare.

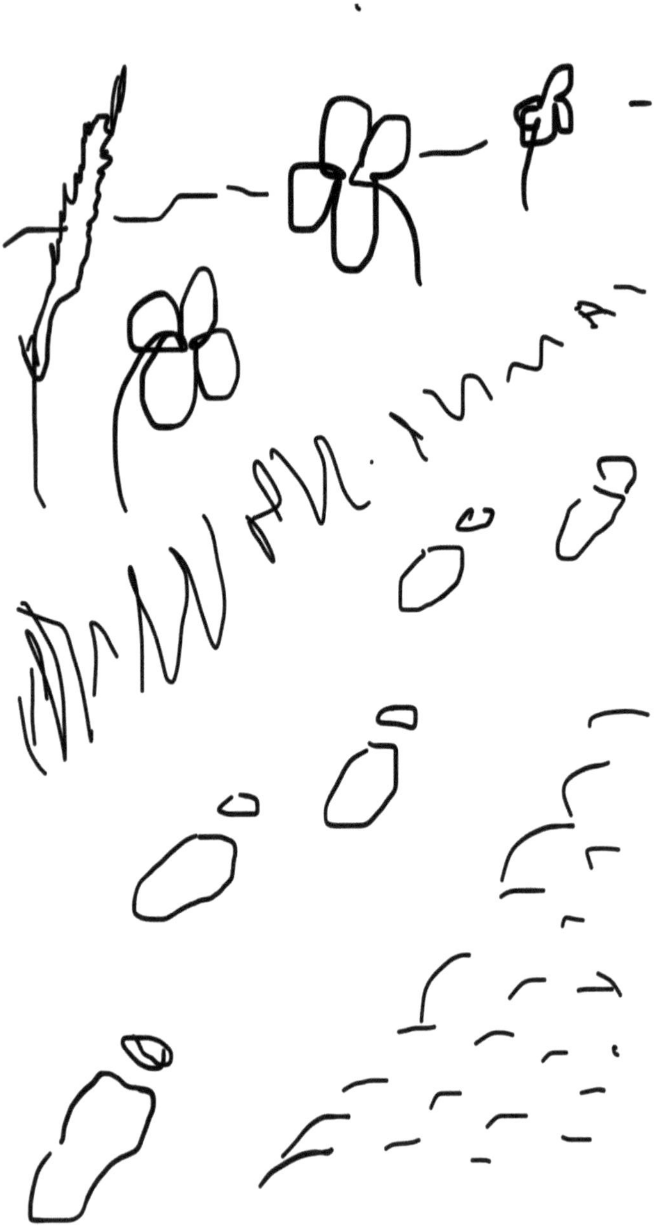

30 En vagabond

I

Som 17-åring ville jag se mig som en ung tänkare så som de då skildrades i de franska nya-vågen-filmerna. Att sitta på kafé och läsa, prata och skriva var idealet. Med mitt prydligt alldagliga klädval stack jag ut från tidens parkas, dufflar och långsjalar. Jag var lika ofta tillsammans med klasskamraterna som jag satt ensam med bok och skrivblock.

I Passagens antikvariat vid Norrmalmstorg fick jag syn på en träffande titel: "En vagabond". Jag köpte boken.

II

I boken hade jag känt igen mig som den brådmogne sökare jag varit i kretsen kring min konfirmationspräst. Innan jag, som 72-åring, skrev detta kapitel "En vagabond", tog jag reda på fakta om författaren Waldemar Bonsels. Det hade jag inte gjort tidigare och det försatte boken i delvis nytt ljus.

FRÅGA:
Påverkas en läsupplevelse av att känna till – eller att inte känna till – en författares ideologi och politiska hemvist när boken skrevs?

Jag har valt att redovisa hur och varför jag minns denna bok. Om du inte känner till författaren och ändå vill läsa vidare utan att först informera dig om författaren, gå direkt till avsnitt III nedan.

Vill du, före vidare läsning, veta mer om författaren gå till avsnitt XV.

III

En Vagabond av Waldemar Bonsels, 1880-1952 (C. W. K. Gleerups förlag, 1923, 228 sidor. Till svenska av Robert Larsson)

Boken är skriven i jagform av en ung man (16-20 år?) som arbetar på ett tryckeri. I arbetet ingår att lämna och hämta korrektur ute på stan. Han slutar på tryckeriet för att ägna all sin tid åt att hjälpa och samtala med en lika ung, sängliggande flicka. Hon heter Asja. Hon ligger för döden.

Därmed kommer han att leva utfattig. Han har storsint lovat att hjälpa henne på alla sätt. Detta åtagande och deras långa samtal om existensen och religionen, får konsekvenser för honom senare i livet.

När berättarjaget lärt känna Asja närmare, frestas hans ego. Han fick känslor och ville ge sig hän åt Asja. Men då hindrades han av "en slags allmakt" som han tyckte sig förnimma i hennes närhet.

Han tänkte:

-Hur föga skilde jag mig, i jämförelse henne, från alla andra som jag hade inbillat mig vara så olik.

Som läsare får vi här ett tydligt exempel på hur (sund?) självrannsakan kan knuffa ner egot några pinnhål.

Berättarjaget grubblar på de avtryck som Asja gjort i hans idévärld. Under deras många och långa samtal har deras känslor fördjupats. De stärktes ju också av den otålighet och åtrå som följer i spåren av unga personers sökande efter varandra och de stora svaren i livet.

IV
Nästa gång han besöker Asja frågar han rakt på:

-Asja, tror du på Gud?
-Varför frågar du så direkt, så ont?, svarar hon bestört.

Enligt Asja är det vi kallar gud en oändlig levande kärlekskälla. Hon påminner berättarjaget om att Kristus sagt: Jag är vägen.

Asja menar att människorna har misstolkat Kristus som om han skulle ha sagt att "jag är vägen för er." Istället skulle Kristus ha menat att han själv är kärlekens väg som utan hämnd givits åt världen. Asja säger:

-Hans ord betyder: Jag har inte rest något hinder för kärleken.

Asja trodde på kärleken men hon ville inte ha någon bild av sin gud.

V

Waldemar Bonsels tolkar genom Asja sitt förhållningssätt till kristendomen.

När jag läste boken som ung, hade jag redan börjat min självständiga granskning av kyrkans självsäkra förmedling av urkunderna.

Ibland är Bonsels övertydlig, t. ex. när han låter Asja förklara:

-Människan har gjort kärlekens konsekvens till dess ändamål, därigenom har de vanhelgat den.

VI

När Asja är död vandrar berättarjaget mot havet. En tidig morgon går han in i en vacker park. Från ett öppet fönster på andra våningen i ett slottsliknande hus hör han en flicka som nynnar. När han kommer närmare förstår han att hon sitter och läser. Han hör henne vända boksida efter boksida.

Utan att kunna se henne frågar han högt vad det är för en bok hon läser i. De språkar lättsamt genom fönstret. Bonsels låter läsaren förstå att flickan är "okomplicerad".

I skolåldern hörde jag vuxna män säga att några av mammorna på gården var "okomplicerade". Då talade de om de unga, roliga mammorna som hade färgglada klänningar. De som alltid var glada och som aldrig gick ut i städrock eller hade fiskbensmönstrad kappa.

VII

Flickan frågar genom det öppna fönstret utan att visa sig:

-Vem är du? och fortsätter, Jag heter Kaja, jag är adlig fröken och har rätt till titeln baronessa och 'nådig frun'. Och sådant jag bryr mig om, fortsätter hon, är solsken, en god bok och kloka män.

Berättarjaget klättrar in till henne.

Kaja gnabbas och varnar: I andra änden av huset sitter tant Mimsey och läser – och hon hör väldigt dåligt...

Efter den dagen fortsätter de att träffas, gå i skogen, bada och samtala om livet. Nu är det berättarjaget som problematiserar och för de allvarliga samtalen framåt.

Deras samtal har under våren och sommaren fört dem närmare till varandra. Men inom kort ska den unga baronessan gifta sig med en man av börd. Kaja längtar efter storstadslivet. Kaja är på väg ut ur berättarjagets liv.

VIII

Berättarjaget är ingen måttlös moralist men han stätter nu sin religiösa press på Kaja inför hennes förestående livsval.

Genom hela boken riktar Waldemar Bonsels sin udd mot dem som i egna ögon är så kyrkligt rättrogna att de tar sig friheten att pådyvla andra sin auktoritära tolkning och trostillämpning av kristendomen.

Berättarjaget är ingen bokstavstrogen extremist eller religiös samhällsomstörtare av den sort som vi nu kan se agera på våra gator och torg. Så var det inte i Sverige för 25 år sedan. Idag är det religiösa landskapet hårdare och mer polariserat. Det är alltför få politiker och måttfulla religiösa ledare som ser vad som sker och än färre som reagerar och agerar till försvar för vår demokratiska rättsstat.

I Sverige är det nu hög tid för oss alla att stoppa tilltagande religiös extremism och vidareutveckla vår religionsfrihet, med dess rättigheter och begränsningar inom FNs ramar för de mänskliga rättigheterna.

IX

Under några månader har berättarjaget, vagabonden, talat med Kaja om sin värld och sin gud. De ses en sista gång på stranden. Längs vägen har berättarjaget tappat ödmjukheten:

-Kaja, om du bara ville tro på att jag vill förändra dig, göra dig bättre.

Kaja försöker:

-...bara för att jag suttit och lyssnat på dig.... Men är inte gud, eller kärleken, som du säger... lugnet du väntar på?

Berättarjaget är nu fångad i sin förträfflighet. Han hur Kaja försöker komma in i samtalet och avbryter henne:

-Jag skulle kunna vara lycklig på ditt sätt, Kaja, om jag kunde ringakta dig, om jag kunde ta och njuta dig, så som du vill bli tagen och njuten. Mig själv skulle jag kanske kunna kasta bort i sus och dus, men icke min kärlek.

Kaja faller honom i talet:

-Ska du inte fria till mig också...?

X

Avskedet från Kaja blev smärtsamt. Berättarjaget går i skymningen med framåtlutat huvud och hängande armar. Han hör inte sina steg ty han har lämnat landsvägen och går nu i den mjuka mossan. Han lägger sig ned och somnar. I drömmen ser han ett ljussken och ur detta framträder Asja.

Waldemar Bonsels avslutar "En vagabond" med raderna: Hon såg ned på mig. - - Hon lyfte sin hand och ropade högt:

-Stig upp! Stig upp!

XI

Waldemar Bonsels beskriver en grubblande yngling som slumpen sammanför med två flickor.

Den första, Asja, är på sitt yttersta och formulerar sina existentiella tankefigurer. Det finns hos henne en religiös klangbotten på kristen grund utanför kyrkans stela ramverk.

Den andra, Kaja, är trots – eller tack vare – sin fina uppfostran i avskildhet hänvisad till sitt eget sökande i tant Mimsey's vardagsreligiösa miljö. Den intelligenta Kaja är väl rustad och sticker lätt hål på berättarjagets självupplevda förträfflighet.

XII

Jag känner igen mig i berättarjagets tankeskiften och i samtalskontrasterna – i omvänd ordning – från mitt barndomshem utan gud till mitt då nya umgänge under konfirmandtiden. De nya mötena med konfirmanderna och deras föräldrar hade inspirerat mig till fortsatt sökande. Ett sökande som skulle komma att ta en tredjedel av mitt liv i anspråk.

XIII

När berättarjaget träffar Kaja har han befäst sin religiösa och existentiella positionering. Då är han snar att opåkallat undervisa och tillrättavisa Kaja. Men samtidigt låter sig berättarjaget och Kaja roas av tant Mimsay's mekaniskt kristna religionstillämpning.

Innan deras vägar skiljs, blottläggs hans religiösa hybris. Brutalt försöker han inpränta sina idéer i huvudet på flickan som han är så förälskad i.

Han är själv inte trogen mot urkunderna men orubblig i sitt beslut att kväva sin längtan och åtrå efter Kaja för (den rena?) kärlekens skull.

Enligt Asja hade ju Jesus aldrig rest något hinder för kärleken. Vid omläsningen, vid fyllda 72, associerade jag till några (få?) av de pingstvänner som jag kom att möta senare i livet genom mitt politiska engagemang i Kristdemokraterna. Det handlar om de som i sin förträfflighet tog/tar sig friheten att döma sin nästa i religionens namn, helt i strid mot Kristi bud (vem kastar den första stenen?).

Men om pingstvänner visste jag ju inget när jag som ung läste boken första gången.

XIV
Bonsels lyfter fram kristendomens kärnvärden bortom kyrkors tvingande och tyngande ok.

Asja´s starka roll i boken som berättarjagets själsliga vägledare och slutligen som hans religiösa mentor i form av en hägring, suddar ut gud som fader eller en kvinnlig figurant. Guden är utan bild, så som Asja ville.

Med Asja lyfter författaren (provokativt i 1930-talets Tyskland) fram kvinnan som likaberättigad med mannen att föra djupa, analytiska samtal med existentiella förtecken. Waldemar Bonsels verkade helt klart för kristendomens starka närvaro i samhället. För Bonsells är det de självtänkande, kristna människorna som bygger det rättfärdiga samhället.

Boken är oppositionell mot sin tids normer. För mig som ung var den inspirerande och medryckande. Jag kände igen mig i berättarjagets obstinata förhällningsätt till kyrkan, församlingsauktoriteterna och så småningom också i min oppostion till svärföräldrarna.

I "En Vagabond" hyllas varken 'den enda sanningen' eller´kollektivismens ideal'. Kyrkans roll som regimens stöttare, lyser också med sin frånvaro.

När Bonsels låter berättarjaget i en dröm se Anja's ansikte i skyn och höra henne ropa "stig upp", sammanfattar Bonsels sina två syften med boken: a) Att mana unga läsare att söka sig vidare vid sidan och bortom kyrkornas bojor, b) Att mana mogna läsare att själva tolka sin guds gestalt och sin religions potential.

- - -

XV

FRÅGA:
Påverkas en läsupplevelse av att känna till - eller inte känna till - en författares ideologiska och politiska hemvist när boken skrevs?

För mig är det en relevant fråga. Jag har valt att redovisa hur och varför jag minns denna bok.

Waldemar Bonsels var antisemit och sympatiserade med nazisterna. Ändå brändes hans verk.

"En vagabond" är oppositionell utan att vara revolutionär. Den är obstinat utan att vara respektlöst. Den försvarar individuellt sökande mot kollektivt påtvingade sanningar.

Med barnboken "Die Biene Maja und ihre Abenteurer" (1912, svensk översättning Biet Majas äventyr, 1918) vann Waldemar Bonsels sin största framgång. 1924 gjorde regissören Wolfram Junghans en film om biet Maja med riktiga insekter som aktörer. Inspelningen tog två år. Boken om biet Maja har också varit förlaga till en barnopera. År 2014 hade den tyskkanadensiska animerade filmen "Biet Maya" (originaltitel: Die Biene Maja) premiär.

FRÅGA:
Om jag då och där i Passagen vid Norrmalmstorg vetat att författaren bakom den träffande titeln var antisemit och nazist, hade jag köpt boken då?

Knappast. Under just den höstterminen var jag med min första förälskelse på FF ("föräldrarfritt") i en stor hörnvåning på Valhallavägen. I biblioteket där fanns uppslagsverk och många böcker med hakkors på ryggarna. Det viskades och diskuterades högt om detta, så medvetenhet och kunskap hade vi.

FRÅGA:
Är bokens religiösa/filosofiska problematiseringar färgade av Bonsels ideologiska hemvist?

Det måste de vara, som jag ser det i någon slags "liberal" och "oortodox" riktning. "En vagabond" och Bonsels alla andra titlar brändes under bokbålen 1933 – alla utom tre: Biet Majas äventyr, Himmelsvolk och Indiska dagar och nätter.

FRÅGA:
Hade mitt sökande tagit en annan riktning om jag som gymnasist inte hade läst boken?

Knappast. Men boken bekräftade mina tankar och inspirerade till fortsatt sökande. Jag kan inte peka ut något specifikt som jag har tagit med mig från boken. Men bokens tonläget mot kyrkans (och konfirmationstidens) ´skolastik´ gjorde mig nog än ivrigare att ifrågasätta och kritisera.

FRÅGA:
Om jag idag skulle lägga ut detta kapitel (nr 30) på Face-Book eller annat socialt forum, skulle besökarna där uppfatta mig som suspekt eftersom jag inte kastat boken på sophögen nu när jag vet att författaren var nazist?

Sannolikt. Jag skulle hamna i FB-träskets hat och hot.

FRÅGA:
Om jag aldrig hade läst boken - hade jag varit en läsupplevelse fattigare?

Ja.

31 Livsåskådning 360 ° runt

I

Ingen föds med en gud i sinnet. Föräldrars iver att överföra sin religiösa, agnostiska eller ateistiska livsåskådning och sin politiska ideologi på sina barn, påverkar dem förvisso men det leder inte alltid till vad de avsåg eller förväntade sig.

Däremot präglar barndomshemmets seder och bruk, politiska och religiösa hemvist, umgängesvanor och sociala kompetens barnets nyfikenhet, inspiration och livsval oavsett om han eller hon anammar eller tar avstånd från föräldrargenerationens i-deal.

Redan under ungdomsåren upptäcker, omprövar och sorterar vi vad som var stimulerande eller hämmande i vårt barndomshem. Samtidigt påverkades vi individuellt under tonåren av människor i allt vidare kretsar utanför familjen. Med de erfarenheterna bygger vi våra liv. Med den vetskapen ska vi, som idag är äldre och gamla, ansvarsfullt uppmuntra och respektera de ungas fria prövningsrätt av rådande politiska ideologier och religiösa läror.

II

I mitt barndomshem fanns ingen gud. Där rådde soldyrkan och idrottshyllning. Men i vår barnrikelänga i södra Stockholm bodde, enligt malisen, en familj som var med i Jehovas Vittnen. När jag var hemma hos dem och när deras son och jag skulle ut och leka, sade hans mamma att gud skulle vaka över oss. Det var svårt att förstå.

Som sjuåring började jag i skolan 1952. Skolhuset var nybyggt med ljusa skolmöbler. Ännu bjöd traditionen att skolsalen skulle ha ett lågt podium för kateder och tramporgel. Kristendoms-ämnet fanns kvar. Kartan över Palestina var den första geografiundervisningen utöver Sveriges landskap. Hemma, Borta och Långt borta – började bli begripliga rumsbegrepp.

III

Min mamma var konfirmerad. Det var inte min styvfar. Jag är konfirmerad i dåvarande statskyrkan enligt 1942 års kyrkoordning. Då fick man tillträde till nattvarden först efter att ha blivit förhörd om kristendomen. Kravet var också att kunna läsa trosbekännelsen utantill. Sådana krav mildrades i och med 1968 års omarbetning av kyrkoordningen.

IV

Konfirmationsundervisningen väckte hos mig en ny och annorlunda nyfikenhet. Men jag uppfattade inte konfirmationen som den aktiva handling den var tänkt att vara.

Före konfirmandtiden hade jag bara haft få egna vuxna bekanta utanför familjen: Sopgubben i kvarteret minns jag särskilt. Han använde kvast och skyffel. Till honom skickade jag vykort från våra bilsemestrar. Ofta var jag hemma hos honom och hans fru i deras egnahem som deras barn flugit ur. När gubben och jag stod ute i hans kvällsmörka trädgård och tittade på stjärnorna frågade jag "var himlen slutar".

-Grubbla inte så mycket på det du, svarade han varje gång.

V

Med konfirmationsundervisningen kom nya kamrater, dagdrömmar och förälskelser. Jag kom att umgås med konfirmationsprästen och hans familj. Jag gick med i Ansgar (statskyrkans scoutkår). Jag blev Kyrkobroder, vikarierade som kyrkvaktmästare och jag fick leda helgmålsböncr. Men guden som skulle fruktas och tillbedjas kunde jag inte finna.

Vid ett tillfälle när jag plockade i ordning efter högmässan i den tomma kyrksalen kom en man in och ropade mitt namn. Han tog mig stadigt i armen och ledde mig fram till altaret. Där tog han ett fast tag om min nacke och böjde mig hårt framåt:

-Du ska lära dig att bocka djupt inför herren.

I församlingen fanns en gammal man i rullstol. Han kom alltid i väldigt god tid till högmässorna. Om han kom så tidigt att vi var ensamma i kyrksalen, sade han åt mig, väldigt burdust, att jag inte skulle vara så obstinat.

Jag skvallarade för konfirmationsprästen. Han mumlade något som jag aldrig lyckades uppfatta och klappade mig lätt i ryggen. Jag tolkade det som att han tog mitt sökande på allvar. Vi hade många och långa samtal genom åren.

VI

Under mitt korta ungdomsäktenskap med fritidskantorns dotter levde jag vidare i mitt sökande, trots och utan att riktig hitta en egen tro. Min frus och mina gemensamma kyrkbesök med svärföräldrarna blev färre redan efter något år.

VII

Jag brottades till och från med mitt sökande ännu en bit in i 40-årsåldern. Persodvis tog studier och andra intressen helt över men jag återkom till de existentella och religiösa frågorna. Ungefär då upptäckte jag Arthur Schopenhauers Momentana Intermezzo: När man dör återgår man till det naturliga tillstånd som förelåg före livet. Ingen existens finns före livet och ingen existens finns efter livet. Detta gäller oavsett hur vi definierar tidpunkterna för födelsen och döden medicinskt, fysiskt, juridiskt, filosofiskt eller i religiösa termer.

VIII

Vi kan inte med våra sinnen registrera vilken hjärnhalva – eller båda – som genererar våra impulser, tankar, problemlösningar och beslut. Kanske är det jaget, själen(?) eller psyket som reser tur och retur mellan hjärnhalvorna. Det får forskarna förklara.

Jag har ingen gud som påverkar mig psykist eller fysiskt. Jag söker heller ingen vägledning eller tröst från något övernaturligt väsen. Jag förlitar mig på de kunskaper och resurser som står oss till buds under vår tid på jorden.

IX

När människor talar med mig om sin gud och sin tro på evigt liv, bemöter jag dem med stor respekt. Om någon frågar, och är genuint intresserad, händer det att jag försöker redogöra för mina tankar om livets förutsättningar och syfte. Men helst inte.

Jag har inget behov av att övertyga andra om min livssyn. Livet har lärt mig att vi behöver större resepkt och förståelse för varandras ideologiska och religiösa preferenser.

Ingen människa ska påtvinga andra eller sig själv någon form av livs- och dödsångest inför en yttersta domedag. Ingen människa kan dömas till andra straffpåföljder än dem som andra människor tar sig rätten att utfärda – legalt eller illegalt. Det är med den premissen vi – alla, individuellt och kollektivt – har att ansvara inför varandra. Vi har vårt fria val att göra det rätta – eller orätta – för varandra och våra efterkommande.

Vid min dödsbädd ska ingen gud åkallas.

X

Friheten att diskutera varandras tolkningar av religionen tar vi för given. Att föra resepktfulla samtal mellan religiösa utövare, agnostiker och ateister är för de flesta av oss en självklar rättighet – men inte för alla. Rågången mellan politik och religion behöver upprätthållas och i många sammanhang stärkas.

Hade vi äldre och dagens unga levt i en diktatur eller bräcklig demokrati, hade vårt sökande efter en livsåskådning och våra frågor kring existentiella spörsmål inte kunnat bearbetats lika fritt. I en diktatur, teokrati eller hierokrati hade vi, liksom de människor som idag lever i sådana statsskick, tvingats till tystnad av totalitära påtryckningar, av omgivningens rädsla för oliktänkande och kanske till och med av våra familjers omsorg att inte utsätta oss för fara.

Religionsfrihetens rättigheter och begränsningar är garanten mot sådant åsikts- och tankeförtryck. Vi behöver både grundlagsfäst tryck- och åsiktsfrihet och religionsfrihet i enlighet med FNs konventioner om de mänskliga rättigheterna.

Sverige behöver här och nu en vassare religionspoltisk debatt i en tid när extrema religiösa ledare utmanar oss. Mer om detta i kapitlen 50-53.

32 Svettpärlan

I

Vi hade mött mannen på Centralstationen. Han hade haft permissionsuniform och kommit bärande på en stor resväska. Vi hade fått åka taxi. Han skulle bli min styvfar.

När vi kom hem hade vi ätit isterband med stuvad potatis. Efter middagen hade vi gått ner till Bergsunds Strand och matat fåglarna. Han hade hållit mig i handen när vi gick hem. Hans uniformsärm hade skavt på min tumme och handled.

Tillbaka hemma hos min mamma och mig hade han bytt om till en tjock grå tröja, rutiga pyjamasbyxor och gröna, trasiga sockor.

II

Senare på kvällen ringde det på dörren. Jag satt på golvet med min tunga leksaksbil – Brios svarta PV 444 i massivt trä. Jag hörde hur han gick och öppnade:

-Här finns ingen fru Nilsson, hörde jag honom säga.

Han gick tillbaka till mamma i kokvrån. Jag gick efter för att få veta vem som hade ringt på dörren. Mamma såg att jag nyfiket föjlde efter mannen ända in i kokvrån och sade lättsamt:

-Men du kunde väl bara ha sagt att vi gift oss och att jag bytt efternamjag.

Samtidigt vände hon sig mot mig och sade att jag skulle gå in i rummet och leka med min bil.

Jag gick och körde in Volvon i garaget, under rummets enda fåtölj. De började prata allt högre. De stängde dörren till kokvrån. Genom den hamrade glasrutan såg jag deras siluetter.

III

Plötsligt öppnas dörren. Mannen rusar ut, hans rutiga pyjamasbyxor släpar med sig en dammtuss. Den lossnar och blir kvar på golvet framför mig. I tamburen tar han ytterrocken från klädhängaren och ropar:

-Håll dig borta!

Mamma ropar med sin gälla röst:

-Var inte så förbannat löjlig!

Ytterdörren slår igen så det ekar i farstun.

IV

Det är mol tyst i enrummaren. Jag sitter orörlig på golvet. Min mamma står kvar i kokvrån. Jag skymtar henne bakom dörrkarmen. Hur lång tid det är tyst och stilla vet jag inte.

V

Mamma kommer in i till mig. Hon är tyst. Hon tar mig i handen. Vi går sakta de sju stegen till ytterdörren.

Vi går ut i farstun. Hon trycker upp hissen. Hon trycker på översta knappen och den trånga hissen knirkar upp till översta våningen. Vi går sista trappan upp till vinden.

Mamma känner på vindsdörren. Den är olåst. Sakta och tyst öppnar hon dörren. Hon trevar efter ljusknappen. Hon trycker på knappen – lyste tänds.

VI

Han står bara några meter framför oss i gången mellan vindskontoren. Jag känner igen hom men ha är helt obekant för mig.

Han står alldeles stilla. Han stirrar mig rakt i ansiktet.

Belysningen i taket är ganska svag. Det är tyst. Jag håller hårt i mammas hand. Jag känner lukten av snustorra brädväggar.

Jag ser en svettpärla i mannens panna. Den glider med korta ryck ned mot hans vänstra ögonbryn.

Jag ser att mannen andas. Men jag hör det inte. Jag hör absolut ingenting.

Mannen sträcker sakta upp båda armarna mot takbjälken över sitt huvud. Han trevar med händerna. För ena handen ganska långt åt vänster. Griper om något.

Han drar sakta, sakta ner armarna. I händerna håller han ett gevär. Han riktar gevärsmynningen mot mamma och mig.

Nu hör jag hur häftigt mamma andas. Hon kniper hårt om min hand.

Med mycket låg röst säger hon till mannen framför oss:

-Du, va´ inte nåski´. Va´ inte så förbannat löjli´!

Hon börjar skratta. Sen skriker hon rakt ut. Allt blir tyst igen.

Vi står tysta och stilla. Mamma och jag och mannen framför oss.

Jag ser hur mannen ändrar greppet om bössan. Han för ena handen bakåt. Han sträcker ut sitt pekfinger så vi ska se och förstå. Han höjer ögonbrynen. Hans panna är blank av svett. Han sticker fingret i bygeln under bössan.

Mamma drar efter andan.

-Ne-e-ej, skriker hon så länge luften räcker.

Det blir åter tyst.

Mannens kropp rycker till när han klämmer avtryckaren i botten. I det ögonblicket hör jag ett stumt, metalliskt klick.

Mamma sjunker sakta ned. Hon sätter sig på huk. Hon kramar om mig. Hon håller om mig hårt.

VII

Den tunga vindsdörren bakom oss öppnas. En gammal man i morgonrock ropar något och frågar min mamma vad som sker. Bakom honom står en gammal dam, också i morgonrock. Mannen med geväret står nu långt in i vindsgången. Jag tittar på hans pyjamasbyxor. Hans vänstra ben darrar.

Min mamma reser sig upp och lyfter upp mig i sin famn. Den gamla damen kramar min hand bakom mammas rygg.

ASSOCIATION
19 år gammal gjorde jag min värnpliktstjänstgöring. Jag tillhörde den sista gruppen värnpliktiga som hade gevär parallellt med andra plutoners K-pistar.

När jag fick ut mitt gevär, dök barndomsminnet upp. Med en tydlig början, ett exakt innehåll och med ett tydligt slut.

VIII

Vid första vapeninstruktionen förstod jag att skenskjutningen på vinden måste ha skett utan slutstycke. Det hålls ju alltid åtskilt från vapnet under magasinering. Jag kände igen geväret som jag nu kunde sätta namn på: Militärgevär modell 96.

Under hela militärtjäntgörningen sköt jag någorlunda prick på måltavlorna. När det gällde pappfiguranter sköt jag i marken framför – ibland på träpinnen under pappfigurens fötter. Bara för att visa att jag kunde.

Uppgivet sa befälet:
-Du gör dig dummare än vad du är.

33 Pojkrummet

I

När mamma gifte om sig satt jag i knäet på min mormor i församlingshusets lilla kapell. Mamma och mannen som skulle bli min styvfar stod med ryggen mot oss framme vid altaret. I taket hängde en röd pappersfågel. Solen sken. Vi hade ytterkläderna på. Från våra varma, påbyltade kroppar steg värmen och satte pappersfågeln i sakta rörelse.

Efteråt åkte de på bröllopsresa till Paris. Jag var hos min mormor en vecka.

När de kom hem skulle jag kalla mannen för "pappa". Jag vägrade. Han balanserade en hammare på sin näsa. Om jag kallade honom "pappa" skulle han göra om tricket en gång till. Jag vägrade.

II

På julen samma år skulle vi, den nya lilla familjen, åka till "farmor och farfar". En mormor hade jag ju. Men någon "farmor och farfar" hade jag aldrig hört talas om.

Vi åkte tåg till styvfaderns barndomshem i norra Västmanland. Det var en villa i tre plan med hyresgäster på nedre botten. Vi skulle sova i styvfaderns gamla pojkrum: De sov i var sin säng på ömse sidor om fönstret. Jag skulle sova i en hopfällbar säng längs inre kortväggen.

III

De låg och läste tills de antog att jag hade somnat. De släckte lamporna. När jag vant sig vid mörkret, kunde jag urskilja det brutna taket, läslampornas glaskupor, rådjurshornen på sina träplattor, den uppstoppade ugglan på sin torra gren, den meterhöga "negerprofilen" i utsågad plywood. Han höll en askkopp i sina uppsträckta händer mot en tänkt husbonde.

Utanför fönstret lyste en ensam gatlykta. I taket vajade skuggorna som björken utanför fönstret skickade upp. Det var tyst. Inga bilar. Inga människor. Så tyst var det aldrig hemma. Det susade i mina öron.

IV

Styvfadern steg försiktigt upp ur sängen. Han smög tvärs över sitt mörka pojkrum till sin kvinna i sängen mitt emot. Han släpade sina torra och valkiga fötter över den kala linoleummattan. Jag andades så tyst jag kunde.

V

Viskningar. Djupa andetag. Frasande lakan. Lång tystnad. Djupa andetag och viskningar. Ljudet av tunn saliv från blöta kyssar. Jag hör naken svettig hud mot naken svettig hud. Styvfadern pressade sina häftiga, hesa andetag genom sin strupe. Min mamma gnydde. Tystnad. Tunga, långa andetag. Tunga, långa andetag. Tystnad. Ett djupt andetag. Rytmiskt regelbundna knäppar i sängbottnens stålfjädrar. Oregelbundna stötar. Snabba, regelbundna knäppar i sängbottnen. Lång, lång tystnad. Långa, tunga andetag. Djup, hård utandning.

Lång tystnad.

Hyschanden och viskningar. Nynnanden och kvidanden. En ändtarm släpper väder. Sängbottnen knirkar snabbt och sprött. Viskningar. Lång, lång tystnad. Täcket gnids mot den noppriga tapeten. Häftig andhämtning, djupa suckar. Små, små, snabba regelbundna stötar. Knäppar och stötar. Sänggaveln stöter hårt mot väggen. Rummets alla ljud samlas i en tung utandning.

Det blir åter tyst i rummet. Det fylls av svettlukt. Rummet är till bredden fyllt med skämd och kroppsvarm luft.

VI

Jag tittar förstulet upp. Min styvfar står gränsle på alla fyra över sin kvinna. Han vänder sig mot mig. Vi har båda vant oss vid mörket. Våra blickar möts. Mamma säger något. Han andas hårt, segar sig upp och sätter sig på sängkanten med täcket över sitt nakna kön.

Jag försöker andas så tyst att jag inte hörs. Jag har redan ansträngt mig så länge att jag är i otakt med min egen andning.

VII

Lampan över mammas huvud tänds. Jag ser att mamma ligger med ansiktet inåt väggen. Hennes hårfäste vid örat är stripigt och svettigt. Jag skymtar konturen på hennes ena bröst, bart och vitt.

Styvfadern lutar sig bakåt för att skyla sin nakna kvinna. Han torkar sig med täcket mellan benen. Han böjer sig framåt igen. I det svaga ljuset tar vi ögonkontakt med varandra igen.

> Jag håller fast hans blick.
> Jag ger inte vika.
> Jag spänner mig för att inte blinka.
> Det rycker i hans ena ögonbryn.
> Hans näsborrar vidgas.
> I den här kraftprövningen orkar jag inte länge till.
> Han lutar huvudet framåt och släpper min blick.

Han tittar ner i golvet. Jag hade vunnit min första seger över min styvfar.

VIII

På morgonen vid frukostbordet, en trappa ner, satt nu fler personer än de jag hade sett igår. Alla pratade glatt i munnen på varandra om planerna för dagen.

Jag satt tyst. Min mamma och styvfadern tog för givet att jag var för liten för att förstå och komma ihåg. Men istället hade jag lagrat ett tidigt och tydligt barndomsminne i min hjärna.

34 Trälhavet

I

Vi var mitt ute på Trälhavet. Mamma och pappa öste med det som fanns. En kastrull och en stekpanna. På långt håll såg vi en stor fiskebåt.

Jag satt i fören, vattnet gick högt upp på stövelskaften. De öste och öste. Fiskebåten kom rakt emot oss. Den kom närmare och närmare. Vattnet steg. I panik och förtvivlan slängde pappa kastrullen så det stänkte på mina knän. Mamma slutade ösa. De tittade på varandra.

-Vad gör vi? Ser de oss inte? sa pappa med gråten i halsen.

Mamma slängde en blöt filt över mitt huvud. Den var tung och kall.

-Vi skriker rakt ut så mycket vi orkar, ropade mamma.

De vrålade och ropade. Vattnet sipprade över mina stövelskaft. Mina fötter blev våta och kalla. De tystnade tvärt.

-Titta. Han vinkar. De har sett oss.

Mamma slet tag i den tunga filten och viftade hysteriskt med den. Som om de skulle komma fortare fram ju mer hon viftade.

II

Det äventyret hade min mamma berättat om många gånger. Fiskebåten hade plockat upp dem och tagit ekan med den gamla aktersnurran på släp. Den läckte och efter ett tag hade de kapat trossen.

Mamma hade skrivit om äventyret i en skoluppsats. Lärarinnan hade läst upp den före jullovet och min mamma hade fått ett li-

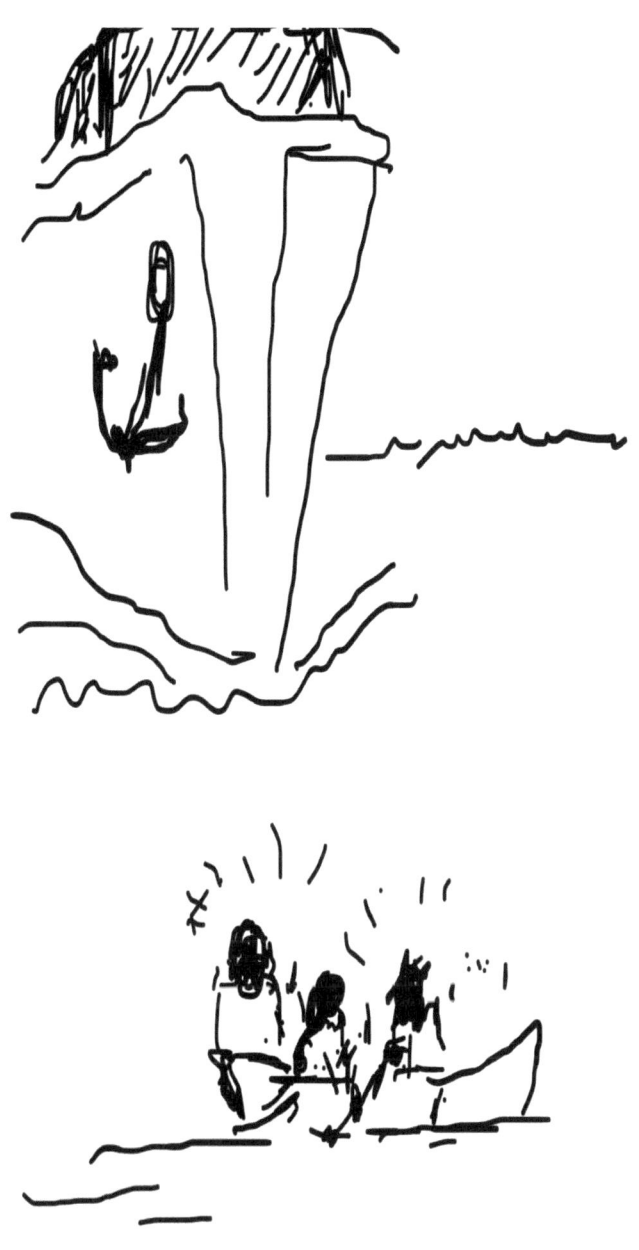

tet pris. Samma dag hade hon gett bort uppsatsen i julklapp till sin bästa väninna.

III

Panikångesten grep tag i mig. Att gå i kallt vatten med lågskor, ankelsockor och kostym är en ångestfylld upplevelse. När byxornas våta, kalla tyg drog mot mina knän och kylde mina lår, väcktes min hjärna till sans och reson. Plötsligt släppte min övermäktiga förvirring.

Jag stod alldeles stilla. Jag lyckas få ordning på andningen. Jag frös. Jag vände mig om. Jag gick några kliv tillbaka mot stranden. Jag såg mig om i den mörka kvällen.

-Nej, det är nog ingen som sett mig, mumlade jag för att övertyga mig själv.

Jag klev med stor beslutsamhet mot strandkanten.

Väl uppe på strandgruset försökte jag gå så obemärkt som möjligt i mörkret. Sandkockor fastnade under skorna och i byxslagen. I mörkret anade jag kostymens ljusgrå ränder. Men från låren och neråt var byxorna blöta och svarta.

Jag tog en lång omväg i den mörka parken tills byxorna torkat. Det gav mig tid att tänka och se mig själv utifrån:

Hjärnhalvorna kortslutna. På väg ut i vattnet. Den ena eller båda hjärnhalvornas plötsliga uppvaknande. Skamligt kontrollerande om någon sett mig. Beslutsamma steg tillbaka mot stranden.

Nu på pinsam promenad med målet att byxorna skulle torka.

IV

I övre tonåren var konfirmationsprästen en av mina egna vuxna bekanta. Hans familj umgicks med fritidskantorns familj. De hade en dotter. Hon och jag blev förälskade, efter två år gifte vi oss.

Det var först en härlig tid med många kritiska och lärorika diskussioner med konfirmationsprästen, svärföräldrarna och andra i församlingen. Min fästmös föräldrar, vardagsreligiösa och traditionsbundna som de var, hade från början uppmuntrat mitt engagemang i kyrkans ungdomsverksamhet och i Kyrkobröderna. De deltog t o m i en av de studiecirklar som jag ledde.

Efter ett års äktenskap överskuggades dock de inspirerande samtalen av de tunga vardagsplikterna. Svärföräldrarnas förväntningar på mig blev tydliga. Jag uppmanades att grubbla mindre och jag anmodades att ta nattvarden.

Allt oftare frågade svärföräldrarna om vi inte "snart väntade tillökning". Med förväntansfull glädje hade de noterat att dotterns framtänder hade mörknad något. Skadeglatt avfärdade jag deras skrockfulla profetior med att vi drack te till frukost och att dottern slarvade med tandborstningen. Demonstrativt skrattade jag åt mitt eget skämt på deras bekostnad.

En vag och tilltagande maktlöshet inför framtiden hade gjort mig vrång och elak.

V

För min fru och mig var barn inget akut mål – just då. Vi planerade fortfarande några resor och vi var överens om att jag skulle byta jobb innan det var dags.

Fegt hade jag slutat påminna svärföräldrarna om vad vi talat om inför giftermålet:
Mitt livsval att förbli frivilligt barnlös.

Det hade de viftat bort som ungdomligt trams. Min fru konstaterade tålmodigt att "sån't där grubbel" växer bort.

Jag köpte en gammal VW-buss och vi reste en del. För svärföräldrarna förklarade jag falskt att det var en praktisk bil när man ska ha plats för en "princessbarnvagn" från 50-talet: en sådan där med stora ekerhjul som går omlott.

VI

Vi talade inte längre om personliga vägval. Jag tyckte mig ha fastnat i ett familje-/hemmalivsmönster som saknade de utmaningar och den stimulans som arbetet i församlingen gett mig till en början. Jag tillbringade allt mer tid hemifrån. Genom kyrkopolitiska vänner engagerade jag mig också partipolitiskt.

Frågan om skilsmässa var elefanten i rummet. Ung, feg och ansvarslös hade jag under lång tid skjutit frågan framför mig.

För mina egna föräldrar gällde tystnad och tabu kring frågan om vem som var min biologiske far. Det var deras stora tabu.

För mina svärföräldrar gällde tystnad och tabu kring frågan om något som för dem var skamligt: skilsmässa.

VII

När byxorna var halvtorra gick jag ner till spårvagnshållplatsen strax utanför parken. Jag begav mig hemåt. Jag vågade inte – kunde inte – berätta något om mitt tilltag för min fru. Men jag kände mig inte lika maktlös längre.

Mitt eget beslut att skiljas hade tagit fäste.

Jag måste agera själv. Jag tog en feg utväg: Jag sökte nytt arbete på annan ort – och fick det. Min fru blev inte förvånad över att jag plötsligt agerade så resolut. Men jag fick lova henne en sak: Hon skulle själv tala om det för sina föräldrar. Jag tog med det nödvändigaste och flyttade.

Inom kort gifte hon om sig. Efter några år ringde hon mig:

-Jag vill bara berätta att jag nu har familj, två barn, villa och till och med en Volvo, ungefär som som du trodde att jag ville ha det.

Bakom hennes skämtsamma ton förstod jag allvaret: Allt var bra nu. Hon befriade mig från mitt dåliga samvete. Själv borde jag ha kontaktat hennes föräldrar och bett om någon slags förlåtelse. Det blev aldrig av.

VIII

Namnet Trälhavet förknippar jag med en maktlöshet och en olycka bortom all räddning. Bara namnet förstärker bilden av min mammas ångestladdade upplevelse.

FAKTA:
En träl var en slav under nordisk järnålder. Termen avsåg ursprungligen endast män; den kvinnliga motsvarigheten ambátt.

IX

På en finlandsbåt många år senare – vid kaffet efter middagen – berättade jag för några vänner om min mammas skeppsbrott på Trälhavet. Jag lade in all skräck och dramatik jag kunde i betoningen på det ödesmättade namnet: Trääälhaaavet.

-Trälhavet? Var det på Trähavet? Det ligger ju alldeles här i närheten – åt det hållet, sa en av vännerna och pekade ut riktningen med hela handen.

För mig var Trälhavet namnet på en öppen, livsfarlig ocean någonstans långt, långt borta. Luften gick ur mig:

-Här? Så nära land?

Genast tog en en annan bordsgrannen vid:

-Deras upplevelse var naturligtvis lika hemsk och dramatisk som din mamma berättade, även om det var inomskärs och närmare land än du trott. Det är långt mellan öarna när båten läcker.

Jag fick fantomkänslor i vaderna av de blöta kostymbyxorna som kylt mina knän och lår den där kvällen, när jag i panik försökte fly ut i vattnet från ett livsöde som jag själv hade skapat.

35 Marornas mara

I

Ännu i marans våld anar jag att jag drömmer. Sekunderna innan jag vaknar, hinner jag intala mig själv att jag drömmer. I den maran vet jag, att jag med en sista viljeansträngning, med en sista konkreta handling, med ett sista djupa andetag, kan jag besegra maran. Då vaknar jag andfådd och kallsvettig.

II

I drömmen går jag över Djurgårdsbron mot Strandvägen och tar till höger. Strax bortom Engelska kyrkan ligger staden som inte finns när jag är vaken.

Staden är utan namn. Jag ser den oftast i svart/vit färgskala men vid enstaka tillfällen är den sepiafärgad. En gång gick den i violetta toner.

Gatan jag går på är bred. Den har gammaldags stenläggning. De slitna gatstenarna är är välvda som barnrumpor. Kärror, bilar och tiden har tryckt ner mjuka sättningar – parallella hjulspår – i körbanan. Trottoaren är belagd med kvadratiska plattor. Några är spruckna.

Om det fanns bilar, skulle däcken bluddra mot de välvda gatstenarna. Men det finns inga bilar. Jag hör bara ljudet från dem. De låter som gamla stora amerikanare. De knirkar och gungar fram på mjuka fjädrar.

Och fast jag inte ser några bilar – det finns ju inga – törs jag inte gå över gatan till andra sidan.

En lång, ledad trådbuss kör förbi. Den gungar i längsled och vaggar i sidled. Den påminner om Skansens elefant Lunkentuss som jag fick "åka" med som barn. Hopträngd och fastsurrad satt jag där och skumpande med en bunt andra ungar på en röd träbänk, högt uppe på elefantens rygg.

III

Jag tittar åt båda hållen. Lyssnar. Jag ser ingen buss. Jag hör inga bilar. Just när jag ska gå över gatan ser jag en spårvagn. Den kommer sakta från höger. Men det finns inga spårvagns-spår. Jag tittar uppåt. Där finns bara trådbussarnas upphängda dubbelledningar. Spårvagnsbygeln tar sin kraft ur tomma intet. Ljudlöst kör den förbi.

Jag tittar åt båda hållen igen. Lyssnar. Tittar och lyssnar igen. Jag går raskt över gatan.

IV

Jag får infallet att ta första steget på den andra trottoaren med vänster fot. Så fort jag sätter ner foten där, finns plötsligt en massa människor omkring mig. Nej, inga människor. Det är platta pappsiluetter i naturlig storlek. Alla ålderdomligt klädda, ungefär från sekelskiftet 1900. Alla i frusna positioner.

Försiktigt går jag mellan figurerna. Det är trångt. Jag snuddar med kavajärmen mot en välklädd kvinna. Då gör jag gör en upptäckt: figuranterna har ingen materia. Jag kan utan vidare föra handen genom deras kroppar.

Jag går ut i gatan igen. Så fort jag har båda fötterna nere på ga-tan är alla borta. Jag prövar lekfullt att gå med ena foten på trottoaren och den andra i rännstenen. De platta människorna finns de korta stunder jag har en fotsula på trottoaren. Framme. Borta. Framme. Borta. Framme. Borta.

V

Slentrianmässigt vänder jag mig om för att se hur långt jag gått. Kanske är det dags att vända? Jag upptäcker att huset som stod långt där borta, på tvären där gatan slutade, har följt efter mig. Jag vänder ryggen åt det konstiga huset. Tar några tveksamma steg framåt. Vänder mig om igen.

Huset har följt efter mig och det är nu ännu närmre. Bara ett kvarter bort.

VI

Jag bestämmer mig. Jag går tillbaka. Nu står huset, som följt efter mig, stilla. Jag kommer fram till huset. Ska jag gå gränden till vänster eller gränden till höger?

Jag går till höger.

När jag gått cirka tjugo-trettio meter i gränden börjar husen flytta sig närmare varandra. Gränden blir smalare. Jag vänder och går raskt tillbaka. Gränden smalnar än mer tills jag precis kan gå mellan husen.

Gränden smalnar än mer. Jag skrapar kavajärmarna mot väggarna. Jag sträcker på mig och går i sidled. Jag vill inte skrapa kläderna mot de smutsiga väggarna. Gatuprånget smalnar av allt mer. Jag tvingas dra in magen och räta på ryggen för att kunna förflytta mig framåt mellan husväggarna. För varje andetag jag tar, blir utrymmet mellan husen allt mindre.

VII

Husväggarna trycker mot min kropp.

Jag håller andan en stund. Jag försöker andas ut istället för in. För att bli smalare.

Jag får inte bli andfådd. Jag försöker andas lugnt. Husväggarna trycker ihop mig allt hårdare för varje andetag. Plånboken i kavajens innerficka trycker mot mitt hjärta. Nyckelknippan i höger byxficka sticker hårt in i mitt lår.

Trycket mot bröstkorg och lungor hårdnar. Jag håller andan och vrider huvudet åt höger utefter väggen. Jag skrapar örat mot väggen. Springan mellan husen smalnar av för varje andetag jag tvingas ta.

Jag känner mig yr. Bröstet spränger. Jag måste andas. Jag trycks allt hårdare mellan husen. Jag måste andas in, jag behöver mera luft.

VIII

Jag viskar för mig själv:

-Vore detta verklighet skulle livet sluta här. Det är en dröm.

Jag upprepar:

-Det är en dröm. Det är en dröm.

Om jag ska besegra drömmen, krävs ett vråldjupt andetag. Det är det enda som återstår om jag ska överleva. Jag försöker andas in. Det gör ont och smärtar ända ner i magen. Jag trotsar pinan och tar ett vråldjupt andetag.

IX

Kallsvettig vaknar jag. Jag ligger andfådd på rygg med händerna hårt knutna över bröstet. Det är kroppsminnet som skapar smärtan över bröstet.

De snabba resorna mellan hjärnhalvorna hade spelat mig ett spratt – igen.

36 Impulskontroll vs spontanitet

Infall, hugskott, spontanitet och magkänsla kan skänka personliga och nyttiga livserfarenheter. Men de passar aldrig i vårt cv.

Med åren har jag lärt mig att tygla min spontanitet. Men fortfarande anser jag att hugskott och spontanitet i lagoma doser ökar livskvaliteten.

Förälskelse!

I

Innan jag steg på bussen stämplade jag biljetterna fram till nästa resmål. Det brukade det bli tre, fyra biljetter åt gången.

På en nattlig bussresa söderut längs USA:s västkust kom jag i samspråk en ung flicka. Hon berättade att hennes föräldrar var lärare och att hon till hösten skulle läsa litteraturvetenskap. Jag berättade om min resrutt motsols runt USA.

Till henne skrev jag min livs första rimvers på skolengelska. Under lampan i den nattsvarta bussen läste hon mina rader. Vi höll varandra i hand.

Vi bestämde att jag skulle bryta min rutt och följa med henne hem. Där skulle vi kunna vara kl 16.30 nästa dag.

II

Kl 03.10 gjorde bussen uppehåll. Hon gick och ringde till sina föräldrar och jag gick och stämplade om mina resterande biljetter för att följa med henne.

Kvinnan i biljettluckan bläddrade i mitt biljetthäfte. Hon såg att jag rest rätt långt utan uppehåll. Hon föreslog att jag skulle stämpla halva resan åt gången:
- Ifall du behöver stanna och sova ut på något motell, sade hon.

Men jag fick som jag ville. Hela häftet, utom en biljett, gick åt.

Jag tog en Coke och väntade på flickan. Hon kom tillbaka helt förtvivlad. Mamman hade förbjudit henne att ta hem en okänd man.

Jag följde henne till bussen. Vi kramades. Inne i bussen andades hon imma på bussfönstret och ritade ett hjärta.

III
Slokörad gick jag tillbaka till biljettluckan för att byta ut mina oanvända biljetter mot nya till mitt ursprungliga resmål.

Kassörskan gormade om att det var omöjligt. Hon kallade in en manlig kollega. Han höjde tonläget än mer. Men när jag fått skämmas en stund gav de med sig och jag fick nya biljetter. Jag sträckte in handen genom luckan för att tacka henne ordentligt.

-Jag såg hur du väntade på flickan när hon gick och ringde och jag såg när hon kom tillbaka, sade kassörskan med ömt leende.

Det blev en lång natt. Först kl 05.45 gick nästa buss.

Dagdrömmeri!

I
Under mina föräldrars utlandssemestrar "pryade jag som ungkarl". Tillgängliga medel utgjordes av en rejäl matkassa.

På söndagsutflykt till Sala med min fästmö passerade vi Morgongåva. I vägrenen stod en skylt om en fastighet till salu: Sommarstuga i Morgongåva. Vilken perfekt morgongåva om vi skulle gifta oss!

På ett skamfilat hus med ny ytterdörr satt mäklarskylten: Pris 40.000:- kr. Insats 5.000:-. På måndagen ringde jag mäklaren som sade sig ha många spekulanter.

Fritidskantorn, min svärfar inp spe, blev inte imponerad. Vad visste jag om renovering, inteckningar och driftskostnader?

II

Jag ringde ett advokatkontor i samma stadsdel som mäklaren och frågade om jag kunde ta med mig mäklaren och kontrollera handlingar och köpeavtal på hans kontor. Tyst i luren. Jag nämnde mäklarens namn. Han fnissade och bokade in mig direkt.

III

Mäklaren och jag var där på utsatt tid. Advokaten fick mina köpehandlingar. Han började med att kalla in mäklaren. Efter mindre än tio minuter kom mäklaren ut och försvann ut i trapphuset utan att säga ett ord.

Nyfiken och spänd gick jag in och satte mig i den djupa besöksfåtöljen. Advokaten reste sig, böjde sig fram över sitt stora skrivbord. Hans klockkedja snuddade vid bordsskivan:

-Unge man, du gjorde helt rätt som kom hit. Oseriösa sommarstugemäklare ska du akta dig för. De flesta klienterna kommer hit alldeles för sent. Jag har avstyrt affären utan att fråga dig. Det hade blivit ditt livs sämsta affär.

Jag accepterade gärna advokatens åtgärd som den enda rätta. Jag andades ut och frågade vad det kostade.

-Jag tar 1.000 kronor. Det är en billig lärpeng. Jag önskar dig lycka till, du gjorde helt rätt som kom hit i tid.
-Det har jag i kontanter...

Lättad och glad gick jag hemåt

Övermod!

I

Tillsammans med en kompis hade jag bilat från Stockholm till Rom i min stora, gamla chokladbruna Woulsley, "fattig-mans-

Rolls-Roycen". Vid ett rödljus i norra Rom ställde sig fyra unga män framför kylaren. De bultade i plåten och skrek taktfast:

-Capitalista, Capitalista.

Först när det blivit grönt ljus och de bakomvarande började tuta ilsket, gick de segt och sakta åt sidan. Vi hade tur som räddades av de otåligt tutande bilisterna bakom oss. En av killarna hann precis öppna förardörren när jag satte full fart framåt.

Hemma i Stockholm sågs min bil som en udda och klumpig pojkdrömsbil men här provocerade den som den bedagade statussymbol den en gång varit. Någon liknande hade jag aldrig varit med om.

II
Min kompis skulle med tåg till sin farmor i Terni. Jag lämnade av honom vid stationen Termini Roma samma eftermiddag.

Dagen efter skulle skulle min äldsta barndomsvän komma med tåg till samma station. Vi skulle göra Rom några dagar och sedan köra vidare till Tunisien via Sicilien. Resehandlingar för fortsatt resa längs Nordafrikas kust bortåt Gibraltar hade jag förberett.

När jag lämnat av kompisen vid den stora tågstationen tog jag in på ett litet hotell nära Colosseum.

III
På kvällen skulle jag äta något lätt. Portiern hänvisade mig till baren som låg vägg i vägg med hotellet.

Många matgäster, vid baren stod en smörsångare, några få dansade sakta och romantiskt.

Efter en omelett och vitt vin, beställde jag glass och avslutade med en avec. En ung kvinna kom fram till mig, hon ville dansa. Jag tvekade men hon insisterade. Ute på golvet viskade hon i mitt öra att jag skulle se upp: Maten och drinkarna skulle bara bli dyrare och dyrare ju längre jag satt kvar.

Efter dansen satte jag mig rädd och orolig på min plats. Mycket riktigt: på menyn var priserna nu helt orimliga.

Efter en stund samlade jag ihop mig. Jag bad att få betala samtidigt som jag protesterade mot att priserna höjts. Jag sade att så pengar hade jag inte på mig. Kyparen blev arg och smattrade något obegripligt på italienska.

Jag bad att få gå på toaletten. Jag ville inte dra loss en resecheck ur häftet inför ögonen på kyparen. Han hånflinade och nickade bort mot toalettdörren.

Jag tog tid på mig när lade en resechecken i plånboken. När jag öppnade dörrren stod en mörkhyad bjässe och väntade på mig. Han höll armarna i kors över en smutsig brynja och han hade ett plommonstop på huvudet. Det var som klippt ur en film.

Jag log ansträngt. Han flyttade sig inte. Jag fick tränga mig förbi. Jag skrapade kavajen mot den smutsiga cementväggen.

IV
När jag skulle betala med min resecheck pekade kyparen på min innerficka och krävde mer pengar. Jag försökte säga något om "Policia" men då höjde den mörkhyade bjässen ett varnande pekfinger. Jag tog fram häftet och drog av en check.

-En till, gestikulerade kyparen. En till… En till... En till...

Checkerna skulle ju skrivas på för att kunna lösas in. Jag gjorde en gest för att visa att min namnteckning saknades. Kyparen tog ett fast grepp om min högra underarm och lade min hand tungt på på de lösrivna checkarna. Det var dags att skriva på.

Jag blev av med fem eller sju resecheckar. Plötsligt viftade kyparen irriterat bort mig från bordet och pekade på utgången.

Jag tittade runt men flickan som hade varnat mig kunde jag inte se.

Den mörkhyade bjässen stod kvar vid toalettdörren, han satte sitt vänstra pekfinger under vänstra ögat och pekade med blicken ut mot min bil på gatan:

-Woulsley, Woulsley, upprepade han halvhögt.

V

Skrämd gick jag in på hotellet. Det stod en flicka bakom disken. Jag bad henne att ringa till polisen. Hon log och ryckte på axlarna. Jag vågade helt enkelt inte bråka mer. Jag betalade hotellrummet och sa att jag skulle åka tidigt på morgonen.

Men jag gick upp på rumnmet och packade och skyndade mig ner till bilen. Jag körde till Centralstationen. Där satt jag och slumrade i bilen till tidig morgon. Sedan åkte jag till en bensinstation och åt frukost.

VI

Kl 11.20 kom min barndomsvän med tåget. Jag berättade att en stor del av min reskassa redan var borta. Han ryckte på axlarna och tyckte att jag kommit lindrigt undan:

-Hon som dansade med dig, tyckte väl att du såg bortkommen ut.

Vi åkte som planerat till Sfax i Tunisien. Men där vände vi och vi tog god tid på oss på vägen hemåt.

37 Kottar under fötterna

I

I barndomshemmet fanns ingen alkohol. Där dominerade diskussioner och hugskott utifrån mammas läslust och styvfaderns amatörmåleri. Vi gjorde långa semesterresor och levde friluftsliv. Men i deras äktenskap fanns också bitterhet. Mamma var oftast missnöjd och hennes plötsliga humörssvängningar bröt igenom gång på gång. När det brände till hotade hon styvfadern med skilsmässa genom att lagom högt säga till mig:

-Jag skulle kunna berätta en sak för dig, Uffe.

Antingen förstod hon inte, eller så hade hon förträngt, att jag borde ha egna minnesbilder från deras vigsel.

Hade mitt barndomshem inte varit helnyktert, hade familjens stora hemlighet röjts av bara farten. Sannolikt hade jag då också fått andra och skadliga alkholvanor tidigt i livet.

Min första förälskelses storebror var med i SSU-H (SSU:s helnykterhetsförbund). I den familjen såg jag heller aldrig någon alkohol. Rus och droger var inget vanligt samtalsämne, varken bland kamrater eller de vuxna som jag träffade. Några erfarenheter av egna ungdomsfyllor hade jag inte heller.

Skoltrött hoppade jag av gymnasiet. Sociala frågor hade intresserat mig sedan konfirmationstiden. Jag valde då att börja som praktikant på Nykterhetsnämnden i Uppsala.

II

Nykterhetsnämndernas uppgift var på den tiden att "övervaka nykterhetstillståndet och vidta åtgärder för dess förbättrande". Kontoret låg då vid Fyristorg och jag bodde på vinden i ett rehabhem strax utanför staden. (Från 1971 har kommunerna möjlighet att istället för särskild nykterhetsnämnd, barnavårdsnämnd och socialnämnd, tillsätta en gemensam nämnd för alla tre vårdområdena i social centralnämnd.)

III

Salongsberusad, kottar under fötterna, upprymd, yvig, lummig, påstruken, blarig, i gasen, full, packad, aspackad, redlös. Begreppen för iakttagen alkoholpåverkan är många.

Alkoholrelaterad upprymdhet godtas i vissa sociala sammanhang, på gott och ont. På rehabhemmet var personalens och de boendes reaktioner på alkoholpåverkade personer fördömande. Men enstaka gånger kunde de också vara förlåtande.

Alkoholens negativa verkningar på samhälle, brukare och anhöriga kommer alltid att kräva politiska, ekonomiska och sociala insatser.

IV

Praktikanttjänsten var lärorik. Jag började som ledsagare för manliga klienter på tåg, eller med egen bil, till och från behandlingshem runt om i Sverige. Resorna gick som planerat trots att jag vid några tillfällen – först vid resmålet – upptäckte att klienten druckit alkohol någon gång under resan. Då blev jag inkallad för samtal.

Ung och oerfaren hade jag svårt att läsa av när någon druckit utan att ha blivit direkt störig. Tidigt en morgon skulle jag resa med en medelålders man med tåg till Skellefteå. Konduktören vägrade ta honom ombord eftersom han redan var påverkad ("blarig", som han sade). Det borde jag ha upptäckt själv.

V

Senare blev jag kontaktperson för tre klienter. Jag hade fått grundliga instruktioner om att hålla professionell, inte privat, kontakt med klienterna.

Jag följde med på läkarbesök och fanns till hands vid olika tillfällen. Jag fick närkontakt med utsatta personer i undermåliga hemmiljöer. Under samtal om smått och stort sade de flesta förr eller senare, att de inte ville ha någon hjälp: varken av mig eller av myndigheterna.

-Livet är som det är, konstaterade de osentimentalt.

VI

Senare i förvärvslivet, i politiken och i intresseorganisationer kom jag i närkontakt med, för mig, helt andra alkoholvanor. Ännu i slutet på 80-talet var företagarnas branschorganisationer också deras medlemmarnas sociala nav utanför företagandets slitsamma vardag. Konferenserna tycktes för många företagare vara det enda sociala umgänget utanför vardagens plikter. På konferenserna var alkoholkonsumtionen påtaglig.

Under de åren fick jag en ny, vidgad och nyttig människokännedom. Gränsen mellan professionella och privata personkontakter var där annorlunda och inte sällan mer diffus än den var under praktikanttiden på Nykterhetsnämnden. Att i ena fallet vara till stöd och hjälp i myndighetskontakter och i andra fall vara konferens- och mötesansvarig för samma personer kunde vara motsägelsefullt och energikrävande.

VII

Mitt förhållande till alkoholen har följt ett, som jag tror, vanligt mönster för oss fyrtiotalister. Åtminstone för oss som kommer från nyktra eller helnyktra barndomshem. I övre tonåren mötte jag nya och annorlunda alkoholbeteenden: överklasskamraterna på gymnasiet blandade busgroggar i familjens barskåp medan några andra redan hade skadliga alkoholvanor på grund av den lättillgängliga langarspriten.

Min alkoholkonsumtion var länge liten och lågintensiv. Under cirka 15-18 år från 40-årsåldern och framåt var min alkoholkonsumtion större och periodvis alltför stor.

Under den perioden dog två av mina arbetskamrater i sin alkoholism. Det föll på min lott att besöka den en av dem medan han ännu var på ett rehabiliteringshem. Där vistades också tidvis hans familj.

De återkommande besöken tog mig känslomässigt hårt på ett sätt som förvånade mig. Vid ett tillfälle när jag skulle boka återbesökstid med föreståndaren, kunde jag inte hålla tillbaka gråten. Besöket hos arbetskamraten hade varit känslosamt.

Skämmigt berättade jag om min praktik på Nykterhetsnämnden i Uppsala och menade att jag med den erfarenheten inte borde reagera så starkt.

-Det handlar om maktlöshet, sade föreståndaren.

VIII

Vid fyllda 74 har jag i princip helt valt bort drinkar och sprit. Istället avslutar jag gärna dagen med ett eller några glas vin. I bakhuvudet håller jag ständigt fast vid insikten om de överhängande riskerna med för stor alkoholkonsumtion. Jag antar att de mentala och fysiska förutsättningarna för att hålla begäret i schack, måste styras viljemässigt – så länge som möjligt. Om sådana erfarenheter hade jag inget att bidra med som praktikant på Nykterhetsnämnden. Det var istället de boende på rehabiliteringshemmet som lärde mig något om alkoholens frestelser och skadeverkningar – för resten av mitt liv.

IX

Tonåringars alkoholkonsumtion är idag på rekordlåga nivåer i Sverige. De dricker inte lika ofta, de dricker mindre och blir inte lika ofta berusade. Fler dricker inte alls och färre börjar dricka i tidig ålder. 40 % av landets niondeklassare uppger att de har druckit alkohol någon gång under de senaste 12 månaderna. För eleverna i gymnasiets årskurs två var siffran 74 %. Fler tjejer än killar dricker, men killarna dricker mer. Tonåringarnas drickande har halverats på tio år. Enligt Håkan Leifman på CAN, finns det en attitydförändring mot alkohol bland unga. Det är inte längre lika häftigt att bli full och det gör det lättare att säga nej. Håkan Leifman säger: [4]

-Tre andra saker brukar nämnas.
För det första, många tonåringar tränar och är hälsomedvetna. För det andra, fler unga har i dag rötter i kulturer där man inte

dricker.

För det tredje, dataspelandet är stort och det är något man oftast gör hemma hos någon samtidigt som man vill ha alla sinnen så skarpa som möjligt.

X

Den positiva förändringen tycker jag mig själv ha observerat bland ungdomar och unga vuxna från 1990-talet och framåt. Särskilt tydligt har jag sett det bland yngre medlemmar och förtroendevalda i de organisationer som jag varit verksam i.

Många av dagens unga föräldrar kommer att hantera alkohol- och drogfrågorna sundare och mer öppet än vad tidigare genrationers föräldrar har gjort. Även på detta område går utvecklingen åt rätt håll.

LO:s ekonom Rudolf Meidner, 1971:
”Vi vill beröva kapitalägarna den makt, som de utövar i kraft av sitt ägande”

38 Löntagarfonderna

I

År 1968 fick socialdemokraterna 50,1 procent av rösterna i valet och därmed egen majoritet i riksdagen.

På LO:s kongress 1971 antogs en motion om att utreda kapitalbildningen i Sverige. I tidningen Fackföreningsrörelsen säger LO-ekonomen Rudolf Meidner att "vi vill beröva kapitalägarna den makt, som de utövar just i kraft av sitt ägande".

Walter Ulbrichts mur delade ännu Europa. För alltid, tycktes det. Den började byggas 1961. Sju år senare hade Sverige intensivt kulturutbyte med Östtyskland. Socialism härskade i vårt närområde och SAP:s mål – att förstatliga och konfiskera stora delar av det privatägda näringslivet – var tydlig och framträdande i den tidens politiska samtal.

År 1982 lade LO fram sitt modifierade löntagarfondsförslag. Olof Palme kunde inte dölja sin förvåning och ska i partiets verkställande utskott sagt att "det är ett helvete, men ett helvete vi måste igenom".

II

Då förelåg i Sverige det dittills starkaste, konkreta socialiseringshotet i modern tid. Motståndet mot löntagarfonderna tog sitt största publika uttryck i demonstrationen den 4 oktober 1983. 10 000-tals personer samlades då i centrala Stockholm. De borgerliga partierna, men främst näringslivets organisationer, hade organiserat deltagandet från hela landet genom 60 extra järnvägsvagnar, 200 bussar och en stor mängd privatresenärer.

Men den socialdemokratiska regeringen satt kvar efter valet 1982. Den 21 december 1983 beslöt Riksdagen att införa löntagarfonderna.

III

LOs ursprungsförslag innebar att 20 procent av storföretagens vinster skulle omvandlas till så kallade riktade fondemissioner av aktier som skulle ägas av löntagarna och att löntagarna skulle ha fullvärdig representation i företagens styrelser. Fonderna skulle kunna äga över hälften av alla aktier i de största svenska företagen. Det handlade om konfiskation i syfte att förstatliga företagen. Utan hänsyn till den privata äganderätten.

Äganderätten är fundamentet i och en förutsättning för en sunt fungerande marknadsekonomi i ett öppet, demokratiskt rättssamhälle.

IV

Socialiseringen, som Löntagarfonderna var verktyget för, pågick i Sverige från 1983 till 1991. Den borgerliga regeringen avvecklade fonderna med ambitionen att den modellen inte skulle kunna återinföras. De avvecklade fondernas medel blev tillgängliga först den 1 januari 1998.

En hög dignitär i Moderata samlingspartiet konstaterade:

-Detta var det sista seriösa socialiseringsförsöket i Sverige.

Men det var det inte. I valet 2018 var vinstförbud och vinsttak i välfärden en valfråga.

Inga indirekta eller direkta socialiseringshot får underskattas av dc marknadslibcrala krafterna.

39 Kongruens, flow, svek

I

Sedan länge hade min uppgift varit att förklara och öka förståelsen för marknadsekonomins ideologiska villkor, såväl externt från som internt i de organisationer som jag arbetade. I sådana sammanhang var också den privata äganderätten i fokus som grundläggande förutsättning.

I det arbetet gav de ödesmättade löntagafondsförslagen mig både stort engagemang och möjligheter till vidareutbildning. Positivt och fruktbart flöt arbete och fritid ihop, ofta till det flow som stimulerar kreativ arbetsglädje med tidigare personligt oöverträffade arbetsresultat.

Från 1981 ägnade jag löntagarfondsfrågan – och inom kort också den privata äganderätten – i princip all arbetstid åt de politiska utmaningarna. Internt i organisationen var min uppgift att för småföretagare konkretisera konsekvenserna av de hot mot marknadsekonomin som löntagarfondsförslaget utgjorde. Externt ägnade jag mest tid åt att delta i offentliga debatter.

Socialdemokraterna klarade valet 1982 och löntagarfonderna infördes 1983. För att stärka skyddet för den privata äganderätten bildades lobbyorganisationen Ägarfrämjandet 1989. Den tidigare statsministern Thorbjörn Fälldin var dess ordförande de tio första åren. Jag var med i förberedelsearbetet och var dess verkställande ledamot från start i 15 år.

II

Det tidiga 80-talet präglades av fackorganisationernas, näringslivsorganisationernas och de politiska partiernas opinionsbildning för och emot fonderna. Frågan skar också tvärs genom arbetstagarsidan. Inom tjänstemannaorganisationen bildades nätverket "TCO-are mot Löntagarfonder".

I paneldebatter och offentliga samtal hade jag lätt att ta 2:a, 3:e, eventuellt 4:e argumenten utan att behöva gömma mig bakom svepande och hotfulla klyschor om socialism. Sakargumenten räckte hela vägen för att försvara den sunda marknadsekonomin.

Jag var och är ideologiskt engagerad för personligt ägande och ansvarstagande med respekt för politiska och andra minoriteter. I det rättsstatliga perspektivet var SAP:s vidlyftiga socialiseringsförslag ett legalt och konkret hot mot näringslivet och med den yttersta konsekvensen att i förlängningen också hota vår demokrati. Det inspirerade mig till fördjupade debatter så fort tillfälle gavs.

De offentliga debatterna mot fondivrarna – många var eller skulle bli namnkunniga vänsterprofiler – hölls i saklig ton. Det var viktigt att ta sig an varje debatt seriöst trots att motståndet oftast bestod av löntagarivrarnas förutsägbara "talesatser".

Det här var långt före Facebook och andra sociala plattformar. Det var också långt innan dagens trånga åsiktskorridorer etablerades. Det var aldrig tal om att kränka eller hota åsiktsmotståndarna. Löntagarfondsdebatterna hölls emellertid i ett för svenska förhållanden uppskruvat och skarpt tonläge.

III
Endast en gång av nästan 200 debattillfällen uppstod en hotfull situation efter debatten.

När vi gick ned från scenen fick jag ryggdunk och tack. I ögonvrån såg jag några företagare gå fram till min socialdemokratiske antagonist. De gormande och uttryckte sin avsky med stora hotfulla gester. Han gjorde en avvärjande gest och sade med hög röst – så att alla skulle höra – att sådana ociviliserade fasoner var han inte van med. Och plötsligt skrek han:

-Jag känner mig hotad!

Det blev tyst i lokalen.

IV

Det var första gången det blev tydligt för mig att jag med hårda sakargument och personlig engagemang kunde trigga åhörarnas känslor så starkt. Det hade jag visserligen känt av tidigare under andra debatter men det hade aldrig fått så starka konsekvenser. Samtidigt hade det, som avsikten var, stärkt mitt och vårt motstånd mot löntagarfonderna. Men aldig hade några känslor runnit över. Jag gick genast fram till den lilla gruppen:

-Hallå vänner, nu tar vi det lugnt.

Jag sade till min panelist att hämta sina grejer och att vi måste åka rätt snart. Jag skulle vidare till ett annat möte. Men publiken visste inte – och var inte förberedd på – att jag tidigare hade lovat honom skjuts i min bil och att jag skulle åka därifrån tillsammans med min motståndare. Jag mötte kritiska blickar och grimaser. För några i lokalen var mitt skjutserbjudande svårsmält:

-Men, va faen, väste någon i mitt öra.

V

Senare när jag träffade medlemmarna fick jag irriterade och syrliga kommentarer. Jag företrädde risktagande och hårt arbetande småföretagare som sällan hade politiken som främsta intresse utanför själva företagandet. Här stod de inför ett politiskt hot som i konkreta termer var riktat direkt mot dem som företagare och mot det svenska näringslivet. Jag hade vunnit debatten men en handfull deltagare hade ändå känt sig svikna. Med svenska mått mätt var löntagarfondsstriden mycket het, t o m med fysiska incidenter på gator och torg.

Opinionsarbetet mot löntagarfonderna hade krävt mycket energi, främst från de mindre näringslivsorganisationerna och särskilt från de företagar- och hantverksbranscher som av tradition haft mest fokus på yrkesutbildning och mindre på de generella näringspolitiska frågorna.

Thorbjörn Fälldin:

”Inflation
är ett gissel för alla
men
en särskild plåga för
den egendomslöse”

40 Privat äganderätt

I

År 1989 bildades lobbyorganisationen Ägarfrämjandet, syftet var att stärka skyddet av den privata äganderätten i Sverige. Thorbjörn Fälldin (fd statsminister) var dess ordförande åren 1989-1999. Jag deltog i förberedelsearbetet och jag var verkställande ledamot från starten till 2009.

Huvudsponsor var dåvarande Företagarnas Riksorganisation vars mål var att stärka marknadsekonomins förutsättningar nationellt, regionalt och lokalt. En av grundstenarna för marknadsekonomin är fullgott skydd för den privata äganderätten i lagstiftningen med rättssäker tillämpning i förvaltningar och i det kommunala självstyret. Under mitt förvärvsliv var arbetet i Ägarfrämjandet en av de mest stimulerande och engagerande perioderna.

II

Äganderätten är en av de viktigaste grundstenarna för den svenska rättsordningen. Både vår privaträtt och vår straffrätt utgår från äganderättens princip. Det är ett faktum man måste erkänna oberoende av politisk uppfattning. Få är det också som vill tänka sig en ändring.

I den rättsvetenskapliga litteraturen beskrivs äganderätten som "en rättsteknisk basprincip". Det händer inte sällan att den här typen av principer, just p g a sin självklarhet, förblir oskrivna och opreciserade. Det gäller också äganderätten.

Det går ofta att leva utan skriftlig bekräftelse av normer som gäller. Men ofta har just en skriftlig bekräftelse både praktisk betydelse och ett stort symbolvärde. Äganderätten har från tid till annan angripits, ofta godtyckligt, också i Sverige. Samtidigt var förändringarna i vår omvärld under 70- och 80-talen särskilt dramatiska.

III

Äganderätten är ett komplicerat ämne. Den har varit – och är – föremål för åtskilliga juridiska och filosofiska utläggningar. För Ägarfrämjandet gällde det från start att ha ett praktiskt anslag i frågeställningarna.

Grundlagens första uppgift är att ge ramförutsättningarna för det politiska livet. Dess uppgift ses emellertid i de flesta länder som vidare än så. Äganderätten skulle också ge uttryck för värderingar som är grundläggande för staten och den ska bereda medborgarna skydd för de värderingar som är grundläggande för staten, bland dem särskilt väsentliga fri- och rättigheter.

IV

Ägarfrämjandets praktiska anslag i arbetet illustreras av stolparna till de halvdags- och heldagsseminarier jag höll för företagare och branschförbundsens förtroendevalda:

* Ett likvärdigt skydd för all slags egendom.

* Äganderätten gäller många/mycket olika saker:
    både fast egendom av olika slag, såsom byggnader, mark och vatten och annan egendom än fast, som aktier och obligationer, bostadsrätter, pensionsförsäkringar mm.

* Skyddet kan inte utformas på samma sätt för all egendom, men skyddet måste vara lika mycket värt.

* Fritt, begränsat nyttjande, begränsat eller förbjudet förfogande över sitt ägane.
    "Fritt": Kläder, böcker hemmet...
    "Begränsad förfoganderätt": Bilen, företaget, huset, lönen, vinsten (genom skatter och annan lagstiftning).
    "Lagreglerad förfoganderätt": hälsofarlig produktion, vapen, "hembränning", strandskydd

* Äganderätten är en av grundstenarna i den svenska rättsordningen. Både vår privaträtt och straffrätt utgår från äganderättens princip.

* Grundlagsskydd av privat ägande i Sverige från 1809

* Ansvar - vårda - miljöpolitik / internationellt skydd / FN /Europakonvention / Nationell (Praktiskt aktuellt exempel: Pudas låda [medborgare med åkeriföretag som protes- terade på Sergels torg för att ha fått sitt trafiktillstånd indraget – då var överklandemöjligheterna otillräckliga i Sverige. Norra länken – Engångsskatten på pensionssparande.

* Grundlagsskydd för äganderätten i andra europeiska länder

* Inskränkningar i rätten att förfoga över sin egendom förfoganderätt, tvångsinlösen av aktier, markexpropriation – ersättning

*Sverige har ett svagt äganderättsskydd

*Marknadsekonomi, företagande, ansvar, förvaltning

V

Några citat:

A. A. N. Wilson:

"Egendom har aldrig avskaffats och kommer aldrig att avskaffas. Det är helt enkelt en fråga om vem som har den. Och det rättvisaste system som någonsin utformats är det där alla, i stället för ingen, är ägare av egendom."

Georges Berthu/Henri Lepage:

"Vare sig det handlar om en skriven lag, som i våra moderna samhällen, eller om individuella och kollektiva beteendenormer, som tradition, seder och bruk, religion, tabun etc, vilka filosofer eller vise män påbjudit respekt för, kan inget mänskligt samhälle

existera utan äganderättsregler som uttryckligen eller underförstått organiserar människors inbördes relationer beträffande nyttjandet av resurser"

Veron L Smith:

"Ekonomer har länge känt till antagandet att obegränsad och icke prissatt tillgång till en gemensamt ägd tillgång ... leder till en ineffektiv användning av sådana tillgångar."

41 Civilsamhälle

Mina behov andras krav
mina krav andras behov

svarta pengar
gångbar valuta
vita pengar
giltig valuta

tänjbara gränser
bristningsgränser

mitt initiativ
annans konsekvens

individens ansvar
någons ansvar
allas ansvar
ingens ansvar

ansvarslösa aktöres medverkan
ansvarstagande aktöres medverkan

medveten samverkan
resurs blir resurser

Min vardag
Andras tillvaro
Vår verklighet

42　Praktisk personalism

I

Personalism är en ideologisk och filosofisk riktning som ser personen som en oreducerbar realitet och som framhäver personens moraliska värde och att personen har en fri vilja. Personalismen har främst varit viktig inom den katolska filosofin samt inom de kristsdemokratiska ideologin och filosofin.

Personalismen framhäver till skillnad frå individualism de gemenskaper eller grupper som personen är en del av som en viktig del av personens vara och som den främsta källan till den personliga utvecklingen. Ett annat särskiljande område är personalismens fokusering på människans ontologiska natur och det därav tillhörande försvaret för de naturliga rättigheterna.

Privat känner jag mig hemma i personalism rikning men fri att tillämpa min syn på Arthur Shopenhauers momentana intermezzo (livet här på jorden, här och nu, utan löfte om evigt liv). Personalismens försvar av "de naturliga rätigheterna" ser jag som en idémässig inspirationskälla utan praktisk bäring på det lagstifningsbara i överensstämmelse min ideologiska acceptans av rättspositivismens utfall.

II

Som jag redogjör för (kapitel 53) utgör våra mänskliga rättigheter (enl FN) och vår religionsfrihet med dess rättigheter och begränsningar (enl FN och svensk grundlag) en stabil grund för rättssamhället – under förutsättning att naturrätten, liksom religionen, – hålls åtskilda från politiken. Teokratiska, hierokratiska och andra odemokratiska krafter ska inte legitimeras i lagstiftningen med naturrätten som överordnad princip.

III

Att pedagogiskt sammanfatta vad personalismen som bärande ideologisk princip tillför i praktisk politisk tillämpning är inte alldeles enkelt.

Jag har fastnat för Hans Brynielssons och Bertil Hörnqvists artikel i Sundsvalls Tidning 2010. Jag saxar ur artikeln här: [11]

"Personalism är kristdemokratins alternativ till individualism och kollektivism. Här är inte den enskilde sig själv nog, men inte heller bara en anonym kugge i ett stort samhällsmaskineri.

Varje människa är unik, men behöver ge-menskap med andra för att utvecklas. Hon har ansvar för sig själv – med frihet att göra egna val – men är samtidigt ansvarig, inte bara för sig själv, utan för den helhet hon är en del utav. Personlig frihet och solidaritet förenas i en ömsesidig symbios där rättigheter och skyldigheter vävs samman på ett naturligt sätt. Här finns utrymme för flexibilitet och en mångfald av alternativ där en enda lösning sällan utgör det givna alternativet."

- - -

"Människovärdet är knutet till existensen, inte till olika stadier eller situationer i den enskilda människans livscykel, och inte heller till hennes förmågor eller egenskaper."

- - -

"Utifrån en personalistisk människosyn vill kristdemokratin värna alla människors liv, frihet och värdighet. Likaså solidarisera sig med de utsatta och förtryckta och på ett ansvarigt sätt värna och förvalta djur, växter och jordens resurser."

Lillian smith:

"När du slutar lära,
slutar lyssna,
slutar titta
och slutar
ställa nya frågor,
då är det dags att dö"

43 Lilian Smith

I

Författaren Lillian Smith (1897-1966) mötte jag första gången i gymnasiet. Vi läste och diskuterade hennes bok Sällsam Frukt som hade kommit ut i Sverige 1945. Den gjorde starkt intryck på mig. Jag tillbringade mycket tid på Stadsbiblioteket för att läsa artiklar och pressklipp om henne. Jag tänkte på möjligheten att få besöka denna författare.

Sällsam Frukt är Lillian Smiths debutbok (Strainge Fruit 1944), den gjorde henne känd i och utanför USA. Det är en berättelse om livet mellan svarta och vita i Maxwell, Georgia.

Den vackra och ambitiösa mulattflickan Nonnie och den vite ynglingen Tracy har ett kärleksförhållande. Han älskar henne men kommer att svika henne. Boken handlar också om om Ed som brutalt hämnas familjens ära och om den svarte enfaldige Henry som lynchas av misstag.

II

Lillian Smtih föddes i Jaspe, Florida. Hennes pappa förlorade sin terpentinfabrik 1915. Då flyttade familjen till Clayton, Georgia, där de hade sitt sommarställe med flera fastigheter. I Clayton drev familjen ungdomslägret Laurel Falls Camp for Girls.

År 1920, efter universitetsstudierna, tog Lillian Smith anställning som konstnärlig och musikalisk ledare på en metodistskola för flickor i Huzhou i Kina. Hon ansåg sig inte som religiös, men livet på skolan gjorde henne medveten om de diskriminerande normer och den dubbelmoral som florerade mellan högre och lägre klasser i Kina. Hon såg samma fördomsfulla och destruktiva krafter där som hemma i den amerikanska södern.

År 1925 kom hon tillbaka till Georgia och började som ledare för Laurel Falls Camp. Hon skapade en innovativ utbildningsmiljö som blev känd för sitt fokus på konst, musik, drama och modern psykologi.

Som lärare och ledare började Lillian Smith öppet diskutera problemen med segregering och rasåtskillnad. Hennes pappa dog 1930 och hon drev själv familjeföretaget vidare samtidigt som hon vårdade sin sjuka mamma.

På Laurel Falls Camp hade Lillian Smith ett livslångt förhållande med lägrets programansvariga, Paula Snelling (1918 - 1984), som jag så småningom skulle träffa. De levde tillsammans men Smith tog aldrig öppet upp sin sexualitet. Några av hennes litterära karaktärer var dock lesbiska. Under tio år gav Lillian och Paula tillsammans ut tidningen South Today.

III
I tonåren återknöt jag kontakten med söndagsskolan genom de statskyrkliga svärföräldrarna in spe. De ledde olika barnaktiviteter och ibland hjälpte jag till.

Vid ett tillfälle lånade de den lättsamma frikyrkovisan:

> "Jesus älskar alla barnen,
> alla barnen på vår jord.
> Röd och gul och vit och svart gör detsamma,
> har han sagt."

Just då var jag mitt uppe i min Lillian Smith-period och diskuterade därför visans budskap och Smith´s strävan efter förändringar i den amerikanska södern. Men, som svärföräldrarna invände, sådana problem har vi ju "gudskelov" inte i Sverige. De tyckte – i den tidens anda – att man skulle vara försiktig med att "blanda raser".

På den tiden hade varken jag eller vuxna mött många färgade människor. Jag hade inga särskilda kunskaper om de färgades livsvillkor i främmande länder, utöver konfirmationsundervis-ningens naiva missionärsskildringar från Afrika.

IV

Under min rundresa i USA var Lillian Smiths hem i Clayton, Georgia, ett av de viktiga resmålen. Jag hade tagit brevkontakt med Paula Snelling när jag började planera resan.

Marken på Laurel Falls Camp var snustorr mellan cederträden. Det var stilla och ödsligt. Här bedrevs ingen verksamhet. Det första Paula Snelling visade mig var den rostiga sågklingan som använts som gong-gong vid måltiderna.

Hon slog med sin knutna hand på den stora och tunga metall-skivan. Den kom i sakta gungning. Jag tyckte hon stod alldeles för nära de vassa och smutsiga sågtänderna. Hon såg min oro och log. Vi gick in i matsalen.

Hon visade mig runt och sade att hon skulle göra några ärenden under dagen. Jag kunde sitta i Lillians arbetsrum och läsa i hennes klippböcker och i tidningsläggen med deras egen tidning South Today. Ville jag ha något fick jag hämta själv nere i köket.

Jag blev ensam i det stora huset. Det var en enkel och sliten byggnad. Det knäppte i husets solheta, tunna bräder. Det doftade varmt och torrt virke.

ASSOCIATION
Vittringen från husets torra bräder väckte ett barndomsminne. Jag blundade. För mitt inre såg jag min styvfar sekunden innan han sensköt mot mamma och mig uppe på vinden med militärens utsmugglade militärgevär. Det kändes märkligt att minnas den händelsen just där och då.

Utanför huset surrade och inande insekter i den vindstilla tyst-naden. Några av myggnäten på fönstrens utsidor var trasiga. Arbetsrummet var varken ordnat eller organiserat, städat eller rörigt. Det var helt enkelt Lilian Smiths arbetsrum som det såg ut när hon fanns där. Kläder och några filtar låg slängda i soffan. Detta var inget museum.

Jag hade väntat mig att få sitta med Paula Snelling och höra henne berätta om Lillian Smith och deras liv. När hon kom hem på eftermiddagen föreslog hon att jag skulle komma dagen efter, före lunch. Då skulle vi dricka te och ta en promenad runt ägorna och titta på lägret.

Nere i Clayton låg en bokhandeln intill hotellet. Jag gick dit och berättade att jag besökte Laurel Falls Camp och att Paula Snelling föreslagit att jag skulle köpa några böcker av Lillian Smith. Långt inne i butiken fanns en liten undanskymd hylla med ett foto av Lillian Smith, några faksimil av South Today och ett antal av författarens titlar.

Paula Snelling hade år 1971 gett ut Strange Fruit i en ny utgåva. Jag köpte den och Killers of the Dream (1949) och Now Is the Time (1955). Med den senare krävde Smith att ett tidigare domstolsbeslut om allas rätt att studera skulle följas. Hon beskrev själv domslutets text som varje barns Magna Charta.

V

Nästa dag gick vi runt på ägorna och sedan satt vi under verandans altantak och drack lemonad. Där upplevde jag något av de sydstats-manér jag sett på otaliga filmer.

Det var generöst av Paula Snelling att ta emot mig. Men hon såg inte mitt besök som något "seminarietillfälle". Jag frågade en del, bl a om titeln "Strange Fruit" som jag hört att Billie Holliday skulle lånat av Smith till en av sina låtar. Men det fick jag inget bra svar på. Kanske var Paula Snelling trött på allehanda frågor från Smith-beundrarna, som nog hade klingat av i antal med åren. Jag uppfattade Paula Snelling som Lillians livs- och arbetskamrat och förstod att de både haft mycket gemensamt men att de också haft olika, åtskilda, uppgifter och ansvarsområden som företagsledare och tidningsutgivare.

För Paula var det stora huset hennes hem. Paula och Lillian hade tillsammans varit flitiga i sitt engagemang mot rasåtskillnaden med skolverksamheten och tidningen South Today som sina verktyg.

Paula Snelling hade svarat vänligt och sakligt på mina brev. Hon hade varit generös mot mig som en långväga besökare. Men hon såg inte Laurel Falls Camp som ett resmål för nyfikna.

VI

Dagen efter köpte jag en dagstidning och satte mig på eftermiddagsbussen mot New Orleans. I en nyhetsartikel rapporterades om ett bråk kvällen före utanför en krog i Clayton. En vit och en färgad man hade kommit i slagsmål. Många nyfikna hade samlats. Det hade varit en hätsk stämning på gatan. Polisen hade tagit in båda två.

I tidningen intervjuades en polis och en krogägare. Båda framhöll hur viktigt det var att se incidenten för vad den var: Ett bråk av privat natur mellan två unga män. Det handlade inte om någon form av rasistiskt våld.

En intressant koppling till gårdagens samtal med Paula Snelling.

Rasfrågan var ännu orosmättad.

August Strindberg:

"Plikten är angenäm först när den är gjord"

44   August Strindberg

I

-Där uppe i backen har jag sett August Strindberg (1849-1912) en gång. Han bodde i hörnhuset där, sade mormor.

Hon böjde sig ner och pekade så jag skulle se exakt vilket hus hon menade (Drottninggatan 85). Det var första gången jag hörde talas om nationalskalden.

Idag tror jag inte riktigt på henne, även om det inte är omöjligt. Hon föddes 1899 och skickades tidigt från Ljusdal till Uppsala och sedan till Stockhom som piga. Strindberg dog 1912 och hon måste då som 13-årig piga ha skickas in till staden från Djurgården för att göra något ärende på egen hand.

På gymnasiet hade jag Reinhold Smedmark som svensklärare. År 1952 hade han doktorerat på nationalskalden med avhandlingen "Mäster Olof och Röda Rummet". Det präglade hela hans undervisning. Han lyfte fram författaren som litterär och kulturhistorisk referens i alla möjliga och långsökta sammanhang. Smedmark väckte mitt livslånga intesse för nationalskalden.

Under gymnasetiden fotograferade jag Strindbergs bostadsadresser i Stockholm och Uppsala och hans resmål runt Mälardalen. Genom åren har jag gjort flera semesterresor i författarens fotspår.

År 1971 klippte jag ur Södermanlands Nyheters en recension av Strindbergs brev nr 3436 -3890 under åren 1896-1898 (band nr 12). Jag hade flera årgångar hemma och samlade då systematiskt för att få hela utgåvan komplett. Andra bandet var känt för att vara det svåraste att hitta. På ett antikvariat uppmanades jag skämtsamt att stjäla det om jag råkade få syn på ett exemplar. Jag kopierade istället boken, sida för sida, på biblioteket. Något år senare hittade jag ett exemplar som var till salu.

Recensionen som jag hade klippt ur skrevs av Sören Karlsson, våra vägar kom att korsas många år senare inom näringslivets organisationer och vi blev nära vänner. Att jag hade klippt ur just hans recension upptäckte jag helt nyligen. Mötena med August Strindberg under åren, blir till många och nya kontakter.

II

Jag har genom åren samlat på mig några hyllmeter Strindbergiana. Jag har inte läst särskilt mycket av Strindbergs texter men desto fler biografier, hans brev och faktadelarna i Nationalupplagan. Jag fortsätter att samla på Strindbergiana och går gärna på stora och små udda teateruppsättningar av Strindbergs verk. De senaste åren har jag köpt några andrautgåvor av de strindbergsverk som kommit ut under hans livstid. Det finns många sätt umgås med en författare.

Jag har hållit personligt färgade kåserier om August Strindbergs liv i föreningar och på bibliotek. Vid sådana framträdanden har jag fått tips, frågor och tillrättalägganden som lärt mig mycket. Nu, vid mogna 74, vågar jag inte längre ge mig ut på så djupa vatten bland experter och kunniga amatörer.

III

Många personer grottar ner sig i sina sakområden. Det kan handla om historiska händelser, politiska skeenden eller fakta om kända personer. För många, liksom för mig, bjuder sådan fokusering på kunskap, insikter och kanske fämst underhållning.

Ofta möter vi drömmare som önskar sig få ha varit på en historisk plats eller i någons specifik persons kläder. På det temat – och för oss som slagit följe med Strindberg – finns en roande artikel som jag här saxar ur. Läs, roas, inspireras och släpp loss: [5]

"Strindberg trodde sig vara en reinkarnation" av Poe. (Nättidskriften DAST 14 jan 2008)

"- - - Varför misslyckas alla som vill vara en August Strindberg med att vara en August Strindberg? Svaret har kanske Eric Bentley i The Playwright As Thinker från 1945. Han skriver apropå Kierkegaards, Nietzsches och Tolstoys sökande efter Sanningen (eller det Absoluta):

> "Strindberg kämpade oförtrutet. Först förfäktade han den ena absoluta Sanningen, sedan den andra och därefter en tredje. Hans oupphörliga byten, hans ständiga farhågor höll honom i ett tillstånd av spänning – och hög vitalitet – till slutet. Hans oförmåga att bli frälst blev hans frälsning. Och den slutliga ironin var att han på något egendomligt sätt tycks ha insett det.
>
> Sanningen var för honom en flagga att vifta med och ett mål som aldrig fick uppnås. Sanningen var för honom relativ."

45 Siri

I

August Strindbergs första hustru, Siri, ägnade vi inte mycket lektionstid åt på gymnasiet. Jag uppmärksammade inte heller Siri särskilt mycket, om ens något, under mina resor i Strindbergs fotspår, under mina antikvariatsbesök på spaning efter Strindbergiana eller under mina kåseriframträdanden.

Hon föddes i Borgå 1850. Hennes far Karl Reinhold von Essen var tvungen att sälja sin egendom 1868. Då flyttade familjen till Stockholm. Hon gifte sig 1872 med Carl Gustaf Wrangel. Med hans rang, kapten vid 1:a livgardet, gick det inte an att hans Siri började som skådespelerska. År 1875 kom August Strindberg in i familjen Wrangels umgänge.

Carl Gustaf Wrangel och en grupp män på regementet ägnade sig åt amatörteater. Han kom att ha ett förhållande med Siris unga kusin vid samma tid som August Strindberg kom in i bilden.

Makarna Wrangel genomförde skilsmässan enligt den tidens konvenans för att Carl Gustaf Wrangel skulle kunde behålla sin anställning. Siri ansågs ha "förlupit hemmet" i och med att hon ensam hade rest till Köpenhamn.

II

Siri var intellektuell och slagfärdig. Hon var ett nav i den strindbergska kretsen i Sverige och under åren ute i Europa med många kulturpersonligheter i deras umgänge. Siri deltog aktivt i diskussioner och kunde hårt driva sin linje i angelägna spörsmål. Hon var skicklig pianist och i hennes barndomshem talades svenska och franska och hon hade undervisats i tyska. Som liten hade hon under en termin bott på ett katolskt flickpensionat i Frankrike. Där vantrivdes hon och lyckades övertala sin far att få åka hem.

III

August och Siri gifte sig 1877. Siri började på Dramaten men fick sluta när hon blev med barn för andra gången. 1883 flyttade familjen Strindberg till Frankrike. August skrev två pjäser direkt ägnade för Siri. 1893 skilde de sig efter att ha varit tillbaka hemma i Sverige några år.

Efter skilsmässan flyttade hon med sina barn till Helsingfors. Hon uppträdde till och från på scenen men ägade sig mest åt deklamationer. Hon fick vid flera tillfällen lysande recensioner. Hon arbetade som teaterpedagog och översättare. Hon drev också en dansskola. "Det kostade inte lite på av en gammal kärring att dansa och hoppa två gånger om dagen", skrev hon i ett brev till barnen. Hon var fodrande mot sina elever och eldade dem med sin egen livliga viljekraft.

IV

Trettiotvå år efter publiceringen av August Strindbergs roman "En dåres försvarstal" (i Tyskland) kom äldsta dottern, Karin Smirnoff, ut med boken om sin mamma: "Strindbergs första hustru".

När August Strindberg senare i livet träffade sina barn talade de – som genom en tyst överenskommelse – aldrig om gångna tider. De berörde aldrig i djupare mening personliga minnen och visade inte ens med ett tonfall eller min när associationer till några minnen om misshälligheter kom upp i samtalet. (Alla familjer har sina tabun, min anm.)

Strindbergs underhåll till barnen hade kommit oregelbundet och i praktiken var det Siri som försöjde sig och barnen. Periodvis var det fattigt. När Bonniers förlag köpt August Strindbergs "Samlade skrifter", kallade han sina barn den 1 juli 1911 till sin bostad och delade ut pengar. Till Siri skickade han 6.000 kronor.

Sista tiden led Siri av reumatism. När den dödssjuke August Strindberg hade tre veckor kvar att leva dog Siri von Essen. Hon begravdes i Stockholm i sina föräldrars grav.

V

Strindberg skickade en krans till hennes grav. Karin Smirnoff avslutar sin bok:

"Men när den solbelysta kransen, bunden av lagrar och liljor, gungade på hennes kista, fladdrade två tomma, vita sidenband i vårblåsten. Vad menade den tyste givaren? En utplånad skrift? En osynlig inskription? Vad menade hans vita liljor? Hade han frikänt henne?"

Karin skriver att Siri, många år senare i Helsingfors och inför sina barn, försäkrade att hon aldrig varit otrogen mot deras far.

Dessutom är det ett faktum att Karin, i samma bok, avslöjar att en av parets pigor i efterhand erkände för Siri att hon hade vittnat falskt mot Siri – till hennes nackdel – under skilsmässoprocessen.

Som jag ser det, speglar Smirnoffs avslutande text i boken mer den tidens syn på eventuella otrohetsaffärer, än på vad som faktiskt hade hänt – eller inte hänt – under makarna Strindbergs stormiga äktenskap.

Med vilka motiv Karin Smirnoff frågar sig om hennes far "hade frikänt henne" vet vi inte. Pigan hade ju erkänt att hon vittnat falskt till Siris nackdel.

Kanske August Strindberg insåg att han drivit skuldfrågan för långt och ville få saken ur världen utan att erkänna sig besegrad. Han lämnade sidenbandet på kransen utan ord. Jag är inte övertygad om att dottern Karin Smirnoffs spekulation om faderns "frikännande" på det vita sidenbandet är träffar rätt.

Det tomma sidenbandet kanske istället visar att nationalskalden helt enkelt saknade ord – där och då.

46 O crux ave spes unica

I

Genom sin karriär, sina fram- och motgångar och personliga kriser hann August Strindberg vara ateist, utilitarist, swedenborgare, nietzschean, reaktionär, socialist, darwinist mm. Under exempelvis infernokrisen ville han se sin person kopplad till ödets eller naturens tecken. Det drog han stora litterära växlar på i sitt författarskap. Det handlade om molnformationer, slumpvisa personmöten, knackningar i väggen och liknande.

Med sådana irrationella observationer kan individen, medvetet eller omedvetet, skapa sig en spännande eller hotfull föreställningsvärld. Det gjorde Strindberg. Han använde den världen i sina litterära alster, ofta till priset av egen psykisk påfrestning och utmattning.

II

August Strindberg föddes den 22 januari 1849 i ett för tiden traditionellt kristet barndomshem. Längs hans fysiska och psykiska berg- och dalbana med djärva projekt, filosofiska utmaningar, vetenskapliga experiment och vass samhällskritik, fick han beundrare, mecenater och fiender. Samtidigt övergav han och prövade han sina närmaste vänner hårt. Bristen på pengar – och ansträngningarna att skaffa nya – tar mycket plats i hans korrespondens (över 6000 brev).

Han dog 63 år gammal den 14 maj 1912. Inför hans begravning söndagen den 19 maj beslöt familjen att hålla en andaktsstund i författarens bostad innan begravningståget avgick därifrån kl 08.00. Nathan Söderblom, som skulle förrätta begravningen, höll också denna andakt.

III

August Strindberg hade tydligt angett att han inte ville ha någon predikan/betraktelse vid begravningen, han skrev själv:

"Min döda kropp får ej obduceras, ej utställas, endast visas för anhöriga. Ingen dödsmask får tagas, inga fotografier. Jag vill föras till graven en morgon kl. 8 för att undgå samling av nyfikna. Ingen gravsättning i gravkor får äga rum, ännu mindre i kyrka. På Nya kyrkogården vill jag ligga, men icke i de rikas kvarter på fåfängans marknad. Vid graven får ej spelas, sjungas eller hållas tal, utan prästen skall endast följa handbokens ord."

Nathan Söderblom hade noga förberett vilka bibelcitat som skulle läsas och han tog fasta på att de psalmer som Strindberg själv valt ut skulle sjungas.

Just när Söderblom och de övriga skulle gå från Strindbergs bostad fick han syn på en andakts-bok. Strindberg hade kraftigt markerat ett Johannesord, som i situationen grep tag i Nathan Söderblom: "Om vårt hjärta fördömer oss, så är Gud större än vårt hjärta och vet allting" (1 Joh. 3:20).

(Bibelversens andra hälft använde Ingmar Bergman i filmen Jungfrukällan.)

Spontant bestämde sig Nathan Söderblom för att läsa upp det bibelordet vid begravningen några timmar senare utan att ha det inskrivet i sitt förberedda manus. Bibelcitatet har analyserats av filosofer, präster och forskare och många av dem har dragit sina slutsatser om Strindbergs religiösa hemvist inför döden.

Författarens markering av citatet i andaktsboken ligger i linje med inskriptionen på träkorset på Strindbergs grav: O crux ave spes unica. (O kors var hälsat mitt enda hopp.) Korset är utfört efter en ritning av skulptören Christian Eriksson. Hade skulptören sett författarens andaktsbok (min fråga)?

Trots författarens önskan blev begravningen en manifestation som beskrivits som större än begravningarna av August Blanche 1868, Adolf Hedin 1905 och Gustaf Fröding 1911.

IV

Jag tolkar inte Strindbergs understrykning i andaktsboken som ett återtåg till barndomshemmets fromma tro. Jag tror det är en mogen människas problematisering av livet och döden, med dörren på glänt till den gud som han i ungdomen vände ryggen.

När August Strindberg var informator, 17 år gammal på Hammersta, hade han provpredikat i Ösmo kyrka. Det gick bra två gånger men den tredje gången avvek han från det manus som kyrkoherden hade godkänt. Då blev de ovänner.

Att August Strindberg, som de flesta ungdomar, var en kritisk sökare utifrån sina förutsättningar är inte anmärkningsvärt. Det är inte heller ovanligt att människan på äldre dagar söker sig tillbaka till den slags trygghet som han eller hon tycker sig återfinna i sina barndomsminnen.

"Behov av att finna svar på frågan om livets mening, om gott och ont, varför människor måste lida och vad som kommer efter döden, är stark. Religionen kan i denna del av livet bli viktigare än tidigare. Kulturella skillnader kan visa sig som skillnader i att uttrycka känslor. Något som upplevs annorlunda kan i en annan kultur vara ett naturligt uttryckssätt." [6]

Även ateism, humanism, new age mm kan i någon mening också definieras som religion.

Personer som i sin profession är nära människor i livets slutskede vittnar om att det inte är ovanligt att den döende mumlar eller ropar "Mamma". I det läget analyserar knappast den vänstra hjärnhalvan vad som kan, behöver eller skall åkallas i den stunden. Måhända plockar den högra hjärnhalvan upp den första känslan av trygghet som laddades ned med den första moderskontakten.

Barnatrons miljö bär också för många i de äldre generationerna ännu på en känsla av trygghet att åter söka sig till.

182

47 X-, Y- och Z-generationerna

I

I dagens femgenerationssamhälle kan far- och morföräldrar, föräldrar, barn, barnbarn och barnbarnsbarn sitta vid samma middagsbord. Så sent som vid sekelskiftet 1900 var det sällsynt. Men på 1900-talet har medellivslängden ökat allt mer och snabbare än någonsin tidigare.

I komedin "Som ni behagar" 7) beskrev William Shakespeare (1564-1616) hur han i sin tid uppfattade sju generella skeden i varje generations liv.Min nutida tolkning inom parentes:

1 Barnet (idag: spädbarnsålder?)
2 Skolpojke (idag: skolålder?)
3 Älskare (idag: ungdomsår?)
4 Soldat (idag: förvärvsliv?)
5 Rättvisa (idag: mogen ålder?)
6 Hög ålder (idag: ålderdom?)
7 Demens och närmare döden (idag: livets sista år?)

Med industrialismen och urbaniseringen tog utvecklingen fart och omsider ledde den till att medellivslängden ökade och också att de urbana människans koppling till naturens villkor sedan länge är bruten. Sedan flera generationer tillbaka har varje individ också kunnat observera stora förändringar under sin egen livstid.

II

Flergenerationsgemenskapernas förutsättningar och utmaningar har förändrats radikalt de senaste 100 år. För unga och äldre lappar inte referensramarna längre över varandra som de gjorde ännu under det sena moderna jordbrukssamhället, fram till tidigt 1950-tal.

Idag och imorgon har var och en att ta sitt genuina ansvar för framtiden med nya, egna och tidsbundna ingångsvärden.

Växelverkan mellan frustande nydaning och erfarenhetsbaserad eftertanke är värdefulla resurser för framtiden. Viss kunskap är varje generations färskvara. Annan kunskap och livserfarenhet ska i lagoma doser överföras till kommande generationer.

Att undvika människors gamla misstag är ett mål i sig. Dagens och framtidens utmaningar tarvar generationsgemensam nydaning med ständiga erfarenhetsutbyten – över flera generationsgränser – framåt och bakåt. Femgenerationssamhället är redan här.

III

Skråväsendet med mästar- och gesälltillhörighet skrotades år 1846 till förmån för näringsfriheten. Idag är, som nämnts, kunskapsgapen mellan generationerna större än tidigare då "den äldste" satt inne med erforderliga livserfarenheter och praktiska färdigheter.

På dagens arbetsmarknad talar man om generationerna X (1961–1980), Y (1981–1995) och Z (1996–2010).

X-generation nöjer sig inte bara med att känna att de kan påverka arbetssituationen utan vill också bli tillfrågade utifrån sin egen kompetens. De har fokus på sin personliga utveckling. I den generationen gör man en resa för sin första lön, generationen före dem valde istället att köpa sin första bil.

Y-generationen är värderingsstyrda. De vill att deras arbetsgivare ska underlätta för dem att kombinera arbete och familjeliv och de vill veta hur företaget arbetar med miljöfrågor och hållbarhet. De är kräsna och kreativa.

Z-generationen litar på sig själva och gillar inte att bli tillsagda vad de ska göra. De har mer fokus på vad arbetsgivaren kan göra för dem och mindre fokus på vad de själva kan bidra med. Ingen generation har samma simultankapacitet som Z-generationen. En dansk undersökning visar att denna generation kan ta in 5,4 mediekanaler samtidigt, medan tidigare generationer kan ta in 1,7 – alltså knappt lyssna på musik och arbeta i datorn på en och samma gång.

IV

Sedan 1980-talet har iGeneration tagit vid. Därmed har IT-tekniken också rest en ny slags åtskiljande generationsgräns. Begreppet iGeneration avser de unga som aldrig levt utan IT och de anses härröra från Apple-serien av populära produkter. Den generationen representerar också en förändring av metoder och värderingar, såsom det tar sig uttryck i både nätverkande på sociala medier och i det verkliga livet.

V

I Sverige har vi lämnat 135 000 människor (mest 65-plussare) efter oss i ett IT-mässigt utanförskap. Idag finns ett starkt samband mellan att vara uppkopplad på nätet och att ha en aktiv roll i samhället. En forskare minns från en studie att en 93-årig kvinna som ville betala sin hyra, berättade att hon tvingades ta hjälp av sin 72-årige son, som själv måste be en tidigare arbetskamrat om hjälp för att 93-åringens hyra skulle bli betald i tid via nätet. (I februari 2019 hölls ett av flera möten med gruppen Kontantuppropet.nu)

Det handlar om vårt ansvar för dem som ännu, under ca tjugo år framåt, kommer att hamna i IT-mässiga och andra ännu o-kända tekniska och sociala utanförskap. Fler liknande och annorlunda utanförskap kommer morgondagens gamla att drabbas av, generation efter generation.

Nu och framgent kommer de yngre generationerna behöva hålla sina föräldrar och förföräldrar tekniskt uppdaterade. Genuin livserfarenhet kommer därmed att uppfattas och tillgodogöras utifrån helt andra kompetenser och kvaliteter än de som gällde för våra föräldrar.

48 Barnbarnsbarn

I

Vetenskapen kan inte fullt ut ange i vilken omfattning de fysiskt och psykiskt personlighetsdanande arv- och miljöfaktorerna förs vidare till nästa generation. Men med min okända anfaders och min mormors arv som gav mig en bipolär mamma, känns det bra att inte föra vidare några koleriskt förprogrammerade gener – om sådana finns.

Utan egna barn – i konsekvens med mitt beslut att förbli frivilligt barnlös – har jag sent i livet kommit att engagerade mig i de allra yngsta. Med den, för mig nu nya och snabba utvecklingen, har jag fått samvetskval inför övriga barnbarn och barnbarnsbarn. I deras ögon har jag nog uppfattats som ganska avvisande.

I min omsorg om mer och bättre flergenartionssamvaro borde jag ha agerat annorlunda i min närhet långt tidigare.

II

När min frus barnbarn var några år fyllda, tog vi med dem på resor. Sedan, när de blivit lite större, har jag tagit med dem på museer, barnteatrar mm. Det har varit inspirerande att känna igen deras nyfikenhet i min egen, så som jag minns den från mina barnaår.

Barnbarnen är vetgiriga och de ville ofta stanna längre på våra beöksmål än deras föräldrar anade. Inte sällan sade deras föräldrar att "det-där-är-för-svårt-och-för-långsamt".

Men jag ville ge småbarnen nya och roliga upptäckter, ungefär som min mormor ville, när hon tog med mig på äventyr och min mamma sade att "det-där-är-för-svårt-och-för-lång-samt".

III

Barnbarnens kunskaper från studier och arbetsliv och deras erfarenheter av samhället, skiljer sig helt från hur jag manövrerade utifrån mina kunskaper och känslor som ung vuxen.

Min frus barnbarn har gett mig nyttiga – och ovärderliga – insikter. Vi äldre ska vara mer noggranna när vi sorterar ut vad som var bra eller bättre förr och vad som duger för guidening in i de ungas framtid.

När barnbarnen och jag bryter varandras värderingar och normer mot varandra, ställer de unga konstruktivt kritiska frågor. Det är bra.

IV

Olika tiders omständigheter påverkar varje generation med sina normer, trender och politiska villkor. Jag noterar dock att de yngre – trots sin ringa ålder – tycks ta fler egna och mer självständiga beslut än vad jag gjorde i deras ålder:

-Vardagen är friare idag än då..
-Vardagen kräver fler personliga ställningstaganden idag än då.
-Vardagens konvenans igår höll oss alla i strama tygar.
-Vardagen var då påtvingat lagom i alla avseende för alldeles för många.

Omvandlingen, bort från de uppifrån pådyvlade samhällsnormerna, är sund för människor och samhällsklimat.

I samtal med dagens vakna, unga vuxna hoppas jag kunna bidra till att de väljer att ta med sig det bästa från oss gamla och att de slänger våra gamla och fördomsfulla idéer på sophögen.

49   86 års paradigmskifte

I

Medellivslängden har ökat dramatiskt under 1900-talet. Mer än hälften av de som föds idag i Sverige beräknas bli 104 år. Medellivslängden för dagens äldre är 83 år för kvinnor och 81 för män.

Statistiken visar att världen blivit bättre. Hans Roslunds föreläsning på TED Talks har visats över 6 miljoner gånger. Där slår han fast:

1 Den snabba befolkningsökningen håller på att stanna av
2 Begreppet u-länder är borta
3 Människor är mycket friskare
4 Flickor får mer utbildning
5 Slutet på extrem fattigdom är nära.

II

På skoj och allvar har jag sagt att mitt nästa paradigmskifte infaller när jag fyller 86 år. Men om framtiden vet jag inget och när livet slutar vet ingen.

För min generation är det signifikant att barnen i de flesta avseenden har det mycket bättre än sina föräldrar och mycket bättre än sina mor- och farföräldrar – oavsett vad vi jämför över generationsgränserna.

Ända fram på 1960-talet var det relevant för föräldrarna, att spara för att barnen skulle få en bättre start i start i livet än vad de själva fick. Idag hör jag ofta hur unga vuxna manar sina föräldrar att unna sig mer, konsumera mera och framför allt att inte späka sig för att de ska få något att ärva. Också min frus barn har förklarat att de inte går och väntar på något arv – om det skulle finnas något att ärva.

Mätningar visar också att unga vuxna idag spar i olika system för att trygga sin pension. Under förra årets sex månader ökade nyregistrerade på minpension.se – i åldrarna 20–30 år – med 20 procent, jämfört med samma period 2016.

Det finns en sund och ökande medvetenhet om att eget uthålligt sparande och eget ägande är trygghetsskapande för livets olika skeden.

III
Med dessa goda förutsättningar och våra ungas (barns) uttalade ståndpunkt att inte förvänta sig kaffepengar eller annat i arv har jag gjort en beräkning och gjort ett vägval:

När jag fyller 86 år ska saldot på mina bankkonton vara noll kronor. Det kommer bara att finnas en liten reservbuffert men i övrigt kommer jag då att leva ur hand i mun.

Promenader, läsning, teaterbesök och möjligen en och annan resa i den mån jag då orkar och vill, blir den tidens guldkant till överkomlig kostnad. Redan nu uppskattar jag de få dagarna i almanackan som är utan tidsbokade åtaganden.

Min ambition är att efter fyllda 86 år dimensionera en meningsfull och berikande tillvaro genom att med små medel leva för dagen. Med den kalkylen kommer livet att vara lika mycket – eller kanske mera – värt med nya perspektiv och nya fokusområden.

IV
Min bankrådgivare ringer regelbundet men han får inga nya uppdrag. Med honom talar jag självklart inte om personliga spörsmål. Däremot har jag sagt honom att jag nu befinner mig i ett konsumtionsstadium utan intresse av att spekulera med de kronor jag har. Bankrådgivaren lyssnade artigt och lärde mig ny term:

-Det kan jag förstå men vi i bankerna talar om "förmögenhetsbevarande förvaltning".

I bankvärlden finns ingen förståelse för kundernas personliga beslut att använda och tära på kapitalet mot en beräknad nollpunkt. Jag anar att "förmögenhetsbevarande förvaltning" är den sista betaltjänst de har att erbjuda. Jag lämnade bankrådgivarens erbjudande utan åtgärd.

V

Vid fyllda 86 år är det nog dags för mig att utvärdera och sammanfatta fler och andra livserfarenheter än de som jag berört i föregående avsnitt.

Vissa skeden i livet och några personliga stickspår har jag duckat för. Tidens och omvärldens intressanta och politiska händelser passade inte in i de personliga ramar jag som satte upp för dessa 53 brevutkast till mina unga vuxna barnbarn.

Om jag skriver vidare blir det först om 12 år under rubriken "86 års paradigmskifte".

*Vi har samtalat om religionsfrihetens rättigheter och adekvata
begränsingar och om den religionspoltiska debatt som jag sak-
nar i en tid när extrema religiösa ledare utmanar oss.*

*För den som under unga år tvingas söka sin livsåskådning och
svara på sina existentiella frågor i en diktatur, teokrati eller
hierokrati, påverkas svaren och vägvalen utifrån brutala och
tvingande påtryckningar – något som vi är befriade från i den
sekulära, demokratiska rättsstaen.*

Europeiska konventionen
om skydd för de mänskliga rättigheterna
och
de grundläggande friheterna

Artikel 9 - Tankefrihet, samvetsfrihet och religionsfrihet

1. Var och en har rätt till tankefrihet, samvetsfrihet och
   religionsfrihet; denna rätt innefattar frihet att byta
   religion eller tro och frihet att ensam eller i
   gemenskap med andra, offentligt eller enskilt, utöva
   sin religion eller tro genom gudstjänst, undervisning,
   sedvänjor och ritualer.

2. Friheten att utöva sin religion eller tro får endast
   underkastas sådana inskränkningar som är
   föreskrivna i lag och som i ett demokratiskt samhälle
   är nödvändiga med hänsyn till den allmänna
   säkerheten eller till skydd för allmän ordning, hälsa
   eller moral eller till skydd för andra personers fri-
   och rättigheter.

50 Ingen naturrätt i politiken

I

Med naturrätt förstås att det existerar rättsprinciper som är inympade i människans natur. Detta genom någon form av gudomligt ursprung eller genom någon övernaturlig, icke-religiös, grundläggande existentiell förutsättning för naturen och livet.

1900-talets ideologiska och politiska utveckling i Sverige har präglats av uppsalafilosofin med Axel Hägerströms (1868 – 1939) influenser.

Det är på de influenserna som rättspositivismens princip vilar. Enligt den principen behandlas rätten som en konstruktion. Därmed är rätten inte grundad på en universell moral. Rättspositivismens motsats är i högre eller lägre grad naturrätten.

II

I Sverige har den rättspositivistiska traditionen ett starkt fäste. Efter andra världskriget när de demokratiska partierna åter formerade sig ute i Europa fanns naturrätten där som ett kulturellt arvegods. Den tyska författningens portalparagraf har förankring i den naturrättsliga filosofin.

III

All lagstiftning är i någon mening värdeorienterad. Vi utgår från att alla ska vara lika inför lagen, att majoritetsbeslut ska garantera rättssäkerhet för minoritet och opposition. Tanke- och åsiktsfrihet ska skyddas. De utgångspunkterna förutsätter en målinriktad lagstiftning.

Medborgarna kan inte garanteras några rättigheter eller avkrävas några skyldigheter utan lagstiftning. Filosofiska, moraliska och religiösa tankefigurer ska verka som inspiration i de ideologiska och partipolitiska idéarbetet för materiella och immateriella mål och visioner. Framtidsbildernas rättsliga tillämpning förverkligas genom lagar och förordningar.

IV

När den engelska filosofen John Locke (1632-1704) ger sin syn på behovet av en konstitution i "Two Treatises of Civil Government" 1690 hänvisar han till aposteln Paulus brev till Romarna, 13:e kapitlet 16:

"ty överheten är en Guds tjänare, dig till fromma. Men gör du vad ont är, då må du frukta; ty överheten bär icke svärdet förgäves, utan är en Guds tjänare, en hämnare, till att utföra vredesdomen över den som gör vad ont är."

Oavsett med vilka ingångsvärden John Locke tolkas och tillämpas idag, kan naturrätten inte legitimeras som instrumentell ideologisk kompass för konkret sakpolitik i dagens sekulära och demokratiska rättsstater.

Det är inför väljarna som politikerna ska ställas till svars. Medborgare och politiska ledare må ställa sig själva till svars inför sina egna moraliska och filosofiska rättesnören eller inför sin religions villkor.

Lagstiftarna – parlamenten – har att agera inom FNs konventionsbunda religionsfrihet med dess rättigheter och begränsningar och inom ramarna för FNs åsikts- och yttrandefriheter.

V

Det råder en spänning mellan FNs och UNESCOs syn på hur religionsfrihet ska definieras och tillämpas. I den kontexten talar man om ´asiatiska värden´ i gränssnittet mellan politik och religion. UNESCO accepterar religiösa urkunders inverkan på staten och rättssystemet på ett sätt som inte ryms inom FNs allmänna förklaring om mänskliga rättigheter och inom FNs religions- och åsiktsfrihet.

Västvärldens traditioner och FNs definitioner av fri- och rättigheter genomsyras av ett strikt fokus på individens rättigheter som, enligt UNESCO, strider mot grundläggande värden i Asien. Enligt traditionen i Asien utgår individens rättigheter och skyldigheter i första rummet gentemot gemenskapen, gruppen, tillhörigheten. [10)]

VI

I Kairodeklarationen från 1999 har ett antal asiatiska länder reserverat sig mot FNs religionsfrihet. I många asiatiska länder finns islam som ett element i statsförvaltningen. Saudiarabien har t o m slagit fast att de inte känner sig bundna av FNs religionsfrihet i de stycken den strider mot koranen. (Obs enl FN står inga nationella lagar över religionsfriheten.)

Politikens förhållningssätt till religionen (islam) är i Asien ett annat än till religionen (oavsett vilken religion det gäller) i de västerländska, sekulära demokratiska statsskicken. I Asien avvisas inte religiösa källor och dogmer som legitima källor för politikens utformning.

VII

Den västerländska, kristna traditionen har tjänat och tjänar västerlandet väl som ideologisk kompass. Det gäller sakpolitiskt och olika ideologiska vägval i politikens sekulära diskurs. I det perspektivet tillför naturrätten inget i lagstiftningsarbetet, för att skapa och upprätthålla ett från statsmakterna oberoende och rättssäkert rättsväsende över tid.

Tvärtom kan naturrätten komma att nyttjas för att legitimera de islamska strömningar i vårt land som prövar och tänjer på religionsfrihets rättigheter och begränsningar utifrån hierokratiska och teokratiska ideal. Redan idag finns såväl moderata som extrema islamska strömningar i Sverige, som inte fullt ut accepterar och inordnar sig i den svenska, grundlagsfästa tillämpningen av FNs religionsfrihet.

Naturrätten ska – liksom religionen – hållas åtskild från politiken i den sekulära rättsstaten.

VIII

Under de senaste 20 till 30 åren har islam blivit mer närvarande i Europa och i Sverige. I spåren av multikulturen och identitetspolitken prövas och tänjs, som nämts, redan gränserna för vår religionsfrihetens rättigheter och begränsningar. Utöver de förskjutningarna har islamistiska, våldsbejakande samhällsomstörtare flyttat fram sina positioner i misstolkat nyttjande av vår religionsfrihet i akt och mening att deras tolkningar omsider ska bli juridiskt accepterade.

Med multikulturen och identitetspolitkien har också könssegregerande normer i skolan och på arbetsplatser släppts fram i strid mot majoritetens samhällsnormer och den sekulära politikens åsikts- och religionsfrihet.

IX

Företrädare för islams ´asiatiska värden´ med sin världsbild i vilken sharialagar ingår som yttersta konsekvens, har enligt de västerlandska demokratierna och för oss i Sverige oacceptabla ingångsvärden för en sekulär, demokratisk rättsstat.

I de allmänna valen i Sverige 2022 kommer med största sannolikhet ett eller flera muslimska partier att ställa upp på en eller flera nivåer – lokalt, regionalt och nationellt.

Mot religiösa extremister, autonoma vänstern, högerextremister och andra avvikande och omstörtande ytterligheter har vi att mönstra ut naturrätten och fortsätta att bygga lagstiftningen på rättspositivismens grunder. Det sekulära rättssamhället är garanten för trosfrihet och åsiktsfrihet utan religiösa överrockar.

51   Religionernas diskutabla potential

I

Det finns lämningar från jägar- och samlarkulturer som rest och utsmyckat stenmonument för mystiskt kulturella syften. Exempel på det är Göbekli Tepe i Turkiet (från 9 500 f. Kr.) Stonehenge i England (från 2 500 f. Kr.).

Att människan har manifesterat sin utsatthet och sina förhoppningar inför naturens krafter är väl belagt. Tidigt upplevde människorna en skräckblandad vördnad och fruktan inför verklighetens oförklarliga sammanhang. Under lång tid har lager på lager av fantasier och trosinriktningar blivit till fundament i nya tankekonstruktioner, som inte sällan har mynnat ut i olika religioner.

II

De tre monoteistiska religionerna judendom, kristendom och islam uppstod i Sydvästasien med namngivna instiftare. Enligt Bibeln bildades jorden för cirka 5 500 år sedan och i urkunderna finns profetior om gudomliga sändebud som skulle verka på jorden. För dryga 2 000 år sedan uppstår kristendomen, cirka 600 år senare islam.

III

Religionsutövare utgör idag ett vitt spann från fanatiskt bokstavstrogna uttolkare av olika urkunder till andra som ser ett relevant värde i att tillämpa buskap, påbjudna normer och regler i anpassade former till den tid vi lever. I vissa länder tillämpas religiösa urkunder ännu som grund för statens juridiska rättssystem. I de flesta länder med religionsfrihet (enl FN) tillämpas och uppfattas religionen som en kulturell inspirationskälla och moralisk kompass. Parallellt med detta engagerar sig många för att begränsa religionens plats i staten och i samhället – hemmavid och globalt.

Enligt en rapport från Win/Gallup International Association (2015) rankas Thailand, Armenien och Bangladesh som de mest religiösa länderna i världen. Där ser sig nästan nio av tio personer sig själva som troende. De minst religiösa länderna är Kina, Japan och Sverige, i nu nämnd ordning. I ett internationellt perspektiv utgör vi en ytterlighet. I Europa säger drygt hälften av invånarna att det finns en gud, i Mellanöstern svarar nästa alla ja på den frågan.

IV

Religion kommer alltid – i olika grad och i olika former – att engagera och fängsla människor. Grundlagsskyddad religionsfrihet är en av förutsättningarna för ett demokratiskt, rättssäkert statsskick. Den är också en viktig faktor i förhandlingsarbetet för global fred.

Människan utvecklar ständigt sina kunskaper om världen och sina sinnens potential. Många människor väljer att uppfatta både det oförklarliga och det förklaringsbara som reella förutsättningar för sitt liv här på jorden. Där vetenskapen tar slut må metafysiken ta vid. Det hotar i sig inte rågången mellan politiken och religionen.

V

Sambandet mellan hjärnans belöningssystem och vårt agerande är väl utforskat. I belöningssystemet får vi effekter av välbefinnande och lyckorus genom upplevelser som fysiska aktiviteter, mat, sex, framgångar och häftiga upplevelser men också av tärande och skadliga element som droger och destruktivt beteende. På allt detta reagerar hjärnans signalsystem förutsägbart, oavsett om det handlar om uppbygglig eller fördärvlig stimulans.

Fred Nyberg spekulerar i frågan om hjärnans belöningssystem också kan påverka en persons öppenhet för (eller slutenhet mot, min anm) andliga frågor. Han ställer frågan: "Finns Gud med i detta?" sic!
I en föreläsning den 29 okt 2016 [8] redogjorde han för om och hur hjärnans belöningssystems reagerar på individens religiösa

upplevelser och religiösa engagemang. Han lyfte då fram kristendomen som särskilt potent för att trigga hjärnans belöningssystem.

Att lyfta fram en religion före en annan som mer potent att påverka hjärnans belöningssystem utan att redovisa forskning som styrker detta är anmärkningsvärt. Med den slutsatsen gör Fred Nyberg sakfrågan en otjänst. Populister och religiösa extremister plockar gärna upp kvasiargument för och emot religionernas plats i ett rättssamhälle. (Efter mina påpekanden via mailkontakt efter hans föreläsning, distanserade han sig från sin under föredragit antydda slutsats.)

VI
Ingen demokrati finns utan starkt juridiskt skydd för religionsfriheten med dess rättigheter och begränsningar i andra lagar.

Makthavare har i alla tider försökt nyttja religionen för sina egna materiella eller ideologiska syften. Även förbud mot en viss eller all religionsutövning har pådyvlats folk av maktpolitiska syften.

Religionsfriheten bör försvaras av fler än ansvariga politiker. Samtidigt finns det alltför många exempel på religiösa utövare som borde inta en sundare distans till de religiösa urkunderna i den politiska debatten. Att tolka in sanktioner med hot och våld mot dem som inte tolkar texterna till de andliga ledarnas belåtenhet är oförenligt med en demokratiskt rättsstat.

VII
År 2005 engagerde jag mig i kristdemokraterna. Dessförinnan hade jag under flera år lockats av partiets människosyn, personalism och dess sociala ansvaratagandet för de mest utsatta. Jag delade, och jag delar, kristdemokraternas vilja att ta ansvar och prioritera resurser till utsatta grupper och individer och samtidigt försvara den sunda marknadsekonomin som den hållbara välfärdsstatens uthålliga resurs.

Genom mitt arbete i Ägarfrämjandet fick jag nära kontakt med flera kristdemokratiska ledare under 1990-talet. Partiets starka anknytning till pingströrelsen var emellertid länge ett hinder för mig att gå med i partiet.

Men ju fler partmedlemmar jag lärde känna desto mer kom min bild av partiet – så småningom – att nyanseras. Bland partiets äldsta medlemmar har jag visserligen mött alltför många med förstelnade konfessionella ingångsvärden i sitt politiska engagemang. Dessa gjorde länge tröskel till mitt partimedlemskap alltför hög.

Å andra sidan har jag bland de äldsta medlemamrna också funnit vilja till och generös öppenhet för diskussion med respekt för och insikt om de icke-konfessionella krav som måste ställas på ett politisk parti i Sverige. Jag vill särskilt nämna partimedlemmen Kjell-Erik Selin – nu nära vän – som varit med i partiet i prncip sedan det startade och som har medverkat i dess opinionsmässiga berg-och-dal-bana.

Av de företrädare som jag mötte på 1990-talet och som, enligt min mening, slirade på den konfessionella och icke-konfessionella gränslinjen, har de flesta nu intagit en tydlig position mot konfessionell argumentering om den dyker upp där den inte hör hemma.

Idag är jag ersättare i kommunfullmäktige och i kulturnämnd och jag är engagerad i partiets människosyn, personalism och i pasrtiets dagliga värv och opinionsarbete.

VIII

Spänning och konflikter mellan bokstavstrogna företrädare för världsreligionerna ska på de nationella nivåerna hållas tillbaka, ytterst av de demokratiska rättsstaternas försvarare. Här tar dessvärre inte alla partier i Riksdagen sitt fulla ansvar, blan dessa märks särskilt (v), (mp) och (sd).

Som en första åtgärd bör parterna omedelbart, på alla beslutsnivåer, skärpa reglerna för offentliga föreningsbidrag så att dessa inte kan användas för att undergräva religionsfriheten och därmed hota vår demokrati.

IX

"Nya religiösa rörelser" (NRR) är ett samlande begrepp för nya andliga och religiösa grupper i västvärlden. De har uppstått de senaste fyrtio till femtio åren med stor variation. Flera av dem har rötter i någon av världsreligionerna. NRR saknar sällan äldre förebilder. Det nya består i omtolkningar, omskrivningar, hopkoppling och förnyelse av äldre känt material. Utöver det finns tillkomna religiösa tankebyggen som grundas på helt nya läror. Scientologikyrkan brukar tas som exempel på en av de mest kända i den kategorin.

X

Som kuriosa kan andra religionsbyggen nämnas. Vissa sådana syftar till att praktiskt, ekonomiskt, juridiskt eller ideologiskt nyttja religionens plats i samhället för missriktade politiska syften. Under senare år har organisationer sökt och fått en för dem värdefull samfundsstatus. Vissa av dessa nya aktörer avser att nyttja religionsfrihetens grundlagsskydd som en frizon för extremistiska budskap medan andra har funnit religionen och samfundsstatusen som en spektakulär hävstång för att bygga en egen maktsfär.

Ett exempel är fildelningsreligionen "Det Missionerande Kopimistsamfundet" som Kammarkollegiet godkände som registrerat samfund i januari 2012. För att nå denna status har samfundets grundare i flera omgångar tvingats skicka in kompletterande ansökningar, där riter, regelbundna händelser och förkunnande av budskapet redovisats, varmed deras verksamhet fått "religionsstatus". Bakom det initiativet står Piratpartiets tidigare partisekreterare.

Ett annat exempel på att driva politisk opinion med religionen som verktyg är "Den flygande spagettimonsterkyrkan" som antagits som samfund i Tjeckien. Den bildades i USA 2005 som en satirisk religion i protest mot att delstaten Kansas beslutade att skolorna måste lära ut intelligent design som ett vetenskapligt alternativ till evolutionen. Den religionen har fått stor spridning på internet.

XI

Det finns skäl att skilja på goda, konstruktiva gemenskaper från onda och destruktiva gemenskaper. Individer, företag och civilsamhällets aktörer har inte sällan möjlighet att söka skattefinansierade bidrag för sin verksamhet. Religion- och samfundsstatus ger ofta pekuniära fördelar.

Kollektiva rörelser kring en idé, ett ideal eller en kraftmätning i ett "vi-mot-ett-dom" tar sig många uttryck. Sådana rörelser kan syfta till att utveckla vanor, regler och riter för att öka sammanhållningen på ett sätt som ger dess medlemmar samhörighet, trygghet och en slags inre (upplevd) styrka. Engagerade utövare inom lagsporter, ledare för supporterskaror för artister, kriminella gäng, sportens huliganer eller extrema religiösa rörelser, är krafter med destruktiv potential som den demokratiska rättsstaten inte ska lämna vind för våg.

Skattefinansiering av idéburna kollektiv har alltid politiska konsekvenser.

Wolfgang Schäuble:

"Staten kan inte
och ska inte
ansvara för nåden

men den har i uppgift
att skapa
förutsättningar
så att den enskilde kan
agera
barmhärtigt."

52 De religionsfrihet och barmhärtighet

I

En stat utan religionsfrihet är ett hot mot såväl religiösa utövare som de som vill slippa religiöst integritetskränkande normer i det offentliga rummet. Religionsfriheten reglerar specifika rättigheter med särskilda begränsningar (i andra lagar). Utan sådan religionsfrihet är ingen stat en fullgod demokrati.

För att religionsfriheten ska svara mot medborgarnas rättsmedvetande krävs av alla berörda parter en distans till dogmer och levnadsregler så som de avkrävs i religiösa urkunder. I den sekulära rättsstaten krävs en tydlig rågång mellan politik och religion.

II

I den politiska debatten har bl a organisationen Humanisterna framhållit att yttrande- och tryckfriheten i vår grundlag är fullt tillräcklig och att vi därför skulle kunna skrota vår grundlagsfästa religionsfrihet. Det skulle emellertid beröva genuint religiösa och rättsmedvetna medborgare en viktig gränsvakt till demokratins försvar. Med vår religionsfrihet har vi, tillsammans med yttrande- och tryckfriheterna, en dubbel frontlinje mot förföljelse och diskriminering av moderata religiösa individer och samfundsledare.

Relegionsfrihetens begränsningar är också en gränsvakt mot extrema och fundamentalistiska krafter som vill påtvinga individer påbud och ritualer genom att tillämpa religiösa urkunders krav i statens lagstiftning.

Det finns också en gräns för vilka religiösa uttryck vi ska ha i våra offentliga rum. Den gränsen är svår att dra och måste prövas noggrant från fall till fall. Vår religionsfrihet ger – och ska också ge – toleransen ett adekvat skydd.

III

Ingen västerländsk, rättsstatlig demokrati, som vilar på de kristna traditionerna, tillämpar religiösa urkunders bokstav som rättslig grund.

Rågången mellan religion och politik är en förutsättning för den demokratiska rättsstaten. Den principen ska vi upprätthålla och vidareutveckla Sverige i enlighet med de västerlänska rättstraditionerna som bas för socialt och tekniskt framåtskridande. Det innebär allas likhet inför lagen och statens ansvar att skydda utsatta och dem som inte kan föra sin egen talan.

Den tyske tidigare finansministern Wolfgang Schäuble (CDU) formulerade detta väl i sitt inledningsanförande vid de protestantiska kyrkornas synod i Magdeburg i november 2016:

"Staten kan inte och ska inte ansvara för nåden men har i uppgift att skapa förutsättningar så att den enskilde kan agera barmhärtigt barmhärtigt."

53   De abrahamitiska religionerna 2.0

I

Med de abrahamitiska religionerna förstås judendom, kristendom och islam. Religionernas profeter Mose, Jesus och Muhammed räknas till patriarken Abrahams ättlingar. De antas ha dött år 1407 f Kr, år 33 och år 632. Under en period på cirka två årtusenden grundades tre världsreligioner.

II

Forskarna menar att små och större grupper med egna karakteristiska (mysticism, kultur, riter – idag också intressen, särintressen och kompetenser) som skiljer ut den egna gruppen från andra främmande, hotfulla och fientliga gemenskaper, har gynnat gruppers och samhällsstrukturers överlevnad över tid.

I det perspektivet och med våra demokratiska mått mätt, skulle de abrahamitiska religionernas inträde kunna ses som en tidsmarkör för religioners motstridiga verkan. Initialt accepterade deras ledare varken varandras likvärdiga eller jämbördiga existens. Tvärtom utmanade de varandra om den egna trons företräde framför de övriga. Detta tog sig uttryck i maktanspråk över enskilda människors tro, vilka lagar som skulle gälla och politiska och militära maktanspråk över olika geografiska territorier.

III

Inför antikens gudar var inte alla jämlikar. Olika gudar skulle dyrkas och fruktas med olika intensioner för individuellt egna och för gruppens skydd, makt och sammanhållning. Den tidens medborgare hade således flera olika minsta gemensamma nämnare (religiösa tillhörigheter) att förhålla sig till. Mellan dessa flertalet minsta gemensamma nämnare erbjöds en sammanhållning gentemot de som levde utanför tillämpad mytologi. I det perspektivet torde trosinriktningar med en enda gudom erbjuda fastare sammanhållning än dem som krävde flera gudars underkastelse.

IV

Statsöverhuvuden och samhällssystem har lockats av religionernas kraft och förmåga att ena stora kollektiv. Religioner kan köpas eller tvingas till underkastelse för att säkerställa ledarens egna maktbas och politisk stabilitet.

Ett tidigt exempel är kejsar Konstantin som redan på 300-talet ställdes inför en religiös rörelse, kristendomen, av oanade mått. I det nya maktpolitiska läget beslöt han, för sina syften, att göra kristendomen till statsreligion.

Med den västerländska kristna traditionen i modern tid har rågången mellan religion och politik tagit fastare och sundare former. Samtidigt håller ett antal teokratier och religiösa ledare inom islam ett fast, gemensamt och politiskt grepp om medborgare och rättsväsende i religionens namn.

V

I FNs deklarationer om mänskliga rättigheter, religionsfrihet och åsiktsfrihet skyddas människors religiösa tro och trostillhörighet samt individens rätt att lämna eller byta religion. Samtidigt erkänner FN inte någon överstatlig lag.

Trots det slog ett antal asiatiska länder fast i Kairodeklarationen år 1999 att sharia är deras enda rättsliga grund. Saudiarabien, som ratificerat ett flertal FN-deklarationer, uttalar att landet endast anser sig bundet av åtagandena i FN:s konventioner i den mån de inte strider mot landets religiösa lagstiftning sharia enligt Koranen.

VI

Interreligiösa kontakter (mellan världsreligionerna) pågår idag på högsta nivå med varierande konkretion. Så även i Sverige.

Så sent som i juli 2017 skrev bl a Salahuddin Barakat, imam, Antje Jackelén, ärkebiskop och Aron Verständig, Judiska centralrådet en gemensam artikel under rubriken "Religion kan leda människor ut ur våldsbejakande extremism" [10] De vill öka statusen för de abrahamitiska religionerna som dagens globala fredsmäklare.

Visst kan och ska den interreligiösa dialogen bidra till att hindra religiös extremism. De skriver förhoppningsfullt om fredsdialoger och -projekt och de tar pliktskyldigt avstånd från alla onda krafter som missbrukar religionen med sina extremistiska agendor. Författarnas förslag till lösning stannar vid interreligiös dialog och förståelse.

Men utan sekulära, demokratiska, rättsstater som kontrollerar sina territorier kommer artikelförfattarnas världsliga fredsprojekt att stå på lösan grund. Varaktig fred – som inte undergrävs av religiöst våldsbejakande extremism – kräver en demokratisk rättsstats grundlagsfästa religionsfrihet med rättigheter och begränsningar och det kräver att en sådan stat kontrollerar sitt territorium.

En stat utan religionsfrihet är också ett genuint hot både mot övertygade religionsutövare och de som vill slippa religiöst integritetskränkande normer. Utan religionsfrihet är ingen stat en fullgod demokrati.

VII
Joel Halldorf lyfter i sin senaste bok "GUD-återkomsten" fram gemenskapers goda och konstruktiva kraft för sammanhållning och stabilitet i samhället. Han medger också att det finns gemenskaper med onda och destruktiva syften. Men hans ärende är dock att lyfta fram och främja de religiösa gemenskaper som växer sig allt starkare i allmänhet – och "som är här för att stanna", som han skriver. Han beskriver denna utveckling som att vi nu befinner oss i "det postsekulära samhället".

VIII
De religiösa ledare som seriöst verkar för internationell och interreligiös mobilisering mot religiös extremism, måste för att nalkas målet, ta ställning för den demokratiska, sekulära rättsstaten och mot teokratier och hierokratier.

Begreppet "demokratins ekosystem" använder författaren Joel Halldorf i boken för att som argument för att den sekulära demokratin behöver det postsekulära samhällets religiösa influenser som moralisk kompass. Halldorf, och de fyra författarna till den ovan refererade debattartikeln, ger alltför vaga besked om vad som är religionens plats och kompetens i vår sekulära och demokratiska rättsstat.

Men i Halldorfs världsbild behövs också ett *"religionernas ekosystem"* (för att låna hans terminologi) inom vilket världsreligionerna bygger vägar för att verka och leva i fred och harmoni med varandra. För detta krävs, som jag nämnt ovan, stabila, sekulära, demokratiska rättsstater som kontrollerar sina territorier. Utan den kontrollen och utan religionsfrihetens rättigheter med begränsningar(!) kommer extremistiska religiösa ledare aldrig låta sig begränsas i sin övertygelse om att ha sin guds rätt att kräva juridisk bokstavstillämpning av sina religiösa urkunder.

IX

Företrädarna för de abrahamitiska religionerna har att ta sitt särkilda globala ansvar.

Utifrån ärkebiskopens debattartikel 2017 och Halldorfs postsekulära samhälle 2018, borde det finnas grund för skribenterna och författaren att gemensamt lansera "De abrahamitiska religionerna 2.0" med syfte att med religiöst och politiskt internationell kompetens påbörja en verifiering (och kanske även också en religiös och livsåskådningsorienterade verigfiering) av gemenskapernas evolutionära roller för människan nu och i framtiden.

X

Det politikens och lagstiftarnas uppgift att öka allmänhetens insikt om att politiskt garanterad religionsfrihet med adekvata begränsningar måste överordnas de religiösa urkunderna. Det borde vara en självklarhet för ovan apostroferade debattörer och författaren att tydligt positionera sig i denna politiska och religiösa ödesfråga.

En sådan gemensam plattform kan med fördel utgå från vad den tyske, tidigare ministern Wolfgang Schäuble sade i inledningstalet vid de protestantiska kyrkornas synod i Magdeburg 2016: Staten kan inte och ska inte ansvara för nåden men har i uppgift att skapa förutsättningar så att den enskilde kan agera barmhärtigt

Dags för ovan nämnda skribenter att gå till verket och arbeta konkret för de mål de redan uttalat.

Noter

På bloggsidan https://ulflonnberg.com/noter/ finns nedanstående noter med klickbatra länkar

1) Testa vilken sida av din hjärna som dominerar
   http://memeorado.se/tuladomejor

2) Läs vidare om livserfarenhet/er
   https://www.psykologiguiden.se/psykologilexikon/?
   Lookup=livserfarenhet

3) Visan är av Christina Lagerlöf, prostdotter från Värmland och på långt håll släkt med Selma Lagerlöf. Visan kom i tryck först 1856. Melodin är besläktad med "La Folia".

4) www.can.se
   CAN, organisationen som mäter alkoholkonsumtionen i Sverige, finns det en attitydförändring mot alkohol bland unga?

5) "Strindberg trodde sig vara en reinkarnation av Poe" (Nättidskriften DAST 14 jan 2008)
   http://www.dast.nu/artikel/strindberg-trodde-sig-vara-en-reinkarnation-av-poe

6) Cancersjuka personers känslor inför döden. En litteraturstudie
   http://www.divaportal.org/smash/get/diva2:215507/FULLTEXT01.pdf

7) Shakespeares sju skeden i livet
   www.mynewapapers.net/shakespearessju-skeden-i-livet/

8) "Finns Gud i detta?"
Centrumkyrkan, Sunbyberg:
29 oktober kl 16.00-21.00 i Centrumkyrkan, Seminariumom tro och andlighet. Fred Nyberg, internationellt känd forskare och professor i biologisk beroendeforskning vid Uppsala universitet.

9). https://www.st.nu/artikel/debatt/personalism-en-kristdemokratisk-utgangspunkt

10) Dan-Erik Anderssons kap 3 i boken "Mänskliga rättigheter och religion".

11) https://www.dn.se/debatt/religion-kan-leda-manniksor -ut-ur-valdsbejakande-extremism/